영자신문

이지 경제 영어

Easy Business English

영자신문 Easy Business English

이지 경제 영어

토마스 D. 안 · 세니카 B. 정 지음

Englishlo

Preface

경제가 세계를 움직이는 역할이란 절대적이다. 이를 주도하는 엘리트가 주로 정보를 얻는 출처로 파인앤셜타임스(FINANCIAL TIMES), 뉴욕타임스(NEW YORK TIMES), 블룸버그 비지니스위크(Bloomberg Businessweek)가 대표적이다.

주도하는 자와 이끌려 가는 사람의 차이를 간단히 알 수 있지만, 우리가 세계 경제지를 접하기에는 영어문제와 경제적 전문성의 한계가 있다. 그렇기는 해도 관심 방면에 많은 시간과 노력을 기울이면 자연 전문가가 되는 것이다.

본문은 시사경제지 가운데 표본이 되는 부분을 발췌하여 경제영어와 경제지식의 기초를 익히고, 글로벌 경제를 둘러싼 문화와 정서와 방향에 대한 이해의 폭을 넓혀서 유능한 경제인으로 도약할 수 있는 전단계 과정을 제시한다.

그러면서 목표설정은 본문 가운데 제시한 Insight시사경제전망을 스스로 해설할 수 있는 통찰력을 향상하는데 둔다.

Leaving unclear

S&P 500 at fresh five-month high

Weakness for financial stocks as the sector kicked off the quarterly earnings season could not stop the main US stock indices from ending the week on a mildly positive note with the S&P 500 touching a fresh five-month high and the Nasdaq Composite hitting a record peak.
Results from Citigroup and Wells Fargo were poorly received, putting their share prices under pressure, although JPMorgan recovered opening losses.

_출처 FT

Translation

상황이 불투명해지다

S&P 500이 새로이 5개월간 최고 수준

뉴욕증시에 등록된 업체들의 사사분기 수익결산이 시작되면서 금융 주식가격이 하락을 보였으나, S&P 500 미국 대기업 주식이 5개월째 최고 수준에 달하며 미국 나스닥 종합지수는 기록적인 최고점에 달했고, 주요 미국 주식지수가 어느 정도 긍정적인 시황을 보이면서 한 주를 마감했다.
시티그룹과 웰스파고의 실적은 부진했고, 이에 따라 그들 주식 역시 JP모건이 개장 때 떨어진 주식가격이 회복됐지만, 그 회사의 주식가격은 여전히 하락 압력을 받았다.

Insight 이지경제해설

주식하락
미국 주식은 폭등
따라서 상황이 불투명
일반인은 모른 채 투자
하지만 대단히 조심할 상황

뉴욕증시에서 주요 주식은 금융주식 가격 등락에 영향을 받는 것이 관례지만, 이번 주 상황은 금융주가가 하락하는데도 불구하고 S&P 500 지수가 폭등했다. 그에 대한 전망은 무엇인가?
금년 초의 특별한 상황은, 주요 S&P 500지수와 다우 존스 지수가 폭등 하더라도 금융주가가 떨어질 수 있다는 것이다. 따라서 일반은은 대단히 조심할 상황이다.

Terms cipher 용어설명

the quarterly earnings 사사분기 수입 신고
ending the week 주말 폐장
touching 주가 그래프가 달하다
positive note 긍정적 주식시황: 주목할 앞으로 올라갈 분위기
financial stocks 금융주식
the sector 금융 주식 분야
kick off 시작하다, 출발하다
the main US stock indices 주요 미국 S&P 500 주가지수
Nasdaq Composite index 나스닥 종합 주가지수: S&P500이외 뉴욕장외 증권시장

Bilingual reading : 영한 읽기

Leaving unclear 상황이 불투명해지다

S&P 500 at fresh five-month high S&P 500이 새로이 5개월간 최고 수준

Weakness for financial stocks (뉴욕증시 등록 업체들의) 금융 주식가격 약화는

as the sector kicked off the quarterly earnings season 그 분야가 사사분기 수익 결산이 시작되면서

could not stop 멈추지 못했다

the main US stock indices 주요 미국 주식지수가

from ending the week on a mildly positive note 어느 정도 긍정적인 시황을 보이며 그 주를 마감하면서

with the S&P 500 touching a fresh five-month high S&P 500 미국 대기업 주식이 5개월째 최고 수준에 달하고

and the Nasdaq Composite hitting a record peak. 미국 나스닥 종합지수가 기록적인 최고점에 달함으로 해서

Results from Citigroup and Wells Fargo 시티그룹과 웰스파고의 실적은

were poorly received, 부진했고

putting their share prices under pressure, 이에 따라 그들 주식 가격이 여전히 하락 압력을 받았다

although JPMorgan recovered opening losses. JP모건이 개장 때 손실 주식가를 회복하기는 했지만

Words for writing : 영작 구문

상황이 불투명해지다 ______________________

S&P 500이 최근 5개월 동안 최고치에 달하다 ______________________

주가의 하락 ______________________

그 분야가 사사분기 결산을 시작했을 때 ______________________

주요 미국 주식 지수를 중단시킬 수 없었다 ______________________

그 주를 마감하다 ______________________

어느 정도 긍정적 주식 시장 상황을 보이면서 ______________________

S&P500이 달함으로써 ______________________

5개월만에 최고 수치에 달하다 ______________________

그리고 나스닥 종합지수가 기록적으로 최고에 달했고 ______________________

시티뱅크 그룹과 웰스파고 그룹에 실적 ______________________

실적이 부진했다 ______________________

그들의 주식가격이 압력을 받게 되면서 ______________________

비록 제이키모건이 개장 손실을 회복했다 하더라도 ______________________

Nine-fold return on the taxes

Amazon planed the NY project forward but the company abruptly canceled it all. Expert sees the problem of growing income and struck with Amazon back in November was a solid foundation. It would have created: at least 25, 000 new jobs, including for unionized construction and service workers; and $27 billion in new tax revenue to fuel priorities from transit to affordable housing — a nine-fold return on the taxes the city and state were prepared to forgo to win the headquarters.

_출처 NYT

Translation

세수보다 9배 이윤

아마존이 뉴욕프로젝트의 발전을 계획했지만 돌연히 그 모든 것을 취소했다. 전문가들은 증가되는 수입의 문제점과 작년 11월 아마존과 체결한 협정은 확실한 근거가 있었다고 보고 있다. 이것이 계획대로 성공했다면 노동조합에 가입된 건설과 서비스 근로자를 포함하여 적어도 2만5천 일자리를 창출하고, 뉴욕시와 뉴욕주가 그 회사 본부를 유치하기 위해 포기해야 할 세수의 9배에 달하는 수익이 더 생기게 된다. 운송부터 저가 주택에 이르기까지 최우선 정책을 추진할 수 있는 새로운 세수 270억 달러가 (27조원) 만들어질 수도 있는 일이었다.

Insight 이지경제해설

아마존 본부 이전 계획
세금면제 특혜 고려
정치적 목적이라는 반대시위에 부딪혀 무산
계획 실행에 따른 엄청난 효과에 아쉬움

아마존은 본부 회사를 뉴욕 주지사와 시장에게 세금면제 특혜라는 혜택을 고려하여 뉴욕시로 이전을 잠시 계획했다. 그러나 정치적인 목적이라는 민주당의 반대로 하루 만에 무산되었다. 이것이 계획대로 실행되었다면 시가 이 지역에 부과해왔던 세금의 9조원보다 일자리 2만5천개, 기존 세수 9배 27조원을 거둬들일 수도 있는 일이었다. 뉴욕시와 뉴욕주는 여러 면에서 아마존을 설득 중에 있다.

Terms cipher 용어설명

project forward 건설공사 추진
unionized construction and service workers 노조가입 건설 서비스 분야 근로자
tax revenue 새로운 세수
fuel priorities 제일 우선 정책을 활성화시키다
affordable housing 싼 아파트
a nine-fold return 9배의 투자 이윤
forgo 계획 정책 등을 취소하다

Mounting pressure

Iran has touted $50bn of potential Russian investments in its oil and gas sector as it seeks to deepen its relationship with Moscow, amid mounting pressure from the US to curb the country's energy exports and diplomatically isolate Tehran.
Russia has sought to use its vast oil and gas industry to build stronger links with Iran, as part of a strategy to increase its supporting Bashar al-Assad in the Syrian war, as relations with the west sour and US sanctions force it to look for new trade and investment partners.

_출처 FT

Translation

가중되는 압력

이란이 모스코와 관계를 더욱 강화시키려는 노력에 따라, 이란의 석유와 천연가스 분야에 러시아가 5백억 달러 (50조원)의 투자를 할 예정이라고 자랑하고 있다. 이는 미국이 이란의 석유 수출을 하지 못하게 막고, 테헤란을 외교적으로 고립시키려는 미국 압력이 더욱 가중되는 가운데 나온 것이다.
러시아도 이란과 더 강력한 관계구축을 위해 러시아에 막대한 석유와 천연가스 산업을 이용하려고 그간 노력해 왔는데, 이는 시리아 전쟁에서 시리아 대통령 아사드의 지지를 확대시키기 위한 전략의 일환이다. 현재 서방과 이란의 관계 약화와 미국의 제재조치로 인해, 이란이 새로운 무역투자 파트너를 찾지 않으면 안 되는 상황이다.

Insight 이지경제해설

이란이 모스코와 관계 강화
러시아가 에너지분야에 5백억 달러 투자
러시아의 관계구축 노력
시리아 아사드 지지강화 전략
테헤란 고립 극복 노력

트럼프 정부 이후, 오바마 정부 당시 맺은 이란과의 핵협정에서 미국이 발을 빼고, 이란의 핵에 대하여 트럼프 정부가 경제 제재조치를 취하여 이란의 수출 길이 막히자, 이란이 경제 위기를 맞이했다. 이에 이란은 새로운 경제 무역 파트너로 러시아를 택하게 되었고, 러시아는 이에 대한 파트너쉽 이행으로 500억 달러를 이란 석유 천연가스 부분에 투자하기로 합의했는데, 이로 말미암아 이란과 러시아 관계가 더 깊어질 것으로 본다. 러시아도 시리아와의 관계를 더욱 강화시킬 목적으로 석유전략을 세우고 있다.

Terms cipher 용어설명

touted 자랑하다
potential investments 예상투자
in its oil and gas sector 이란의 석유 천연가스 부분
curb 막다
sought to use 이용하려고 노력하다
sour 시들해지다, 약화 되다

Bilingual reading : 영한 읽기

Mounting pressure 가중되는 압력

Iran has touted 이란은 자랑하고 있다

$50bn of potential Russian investments 러시아가 5백억 달러의 투자를 할 예정이라고

in its oil and gas sector 이란의 석유와 천연가스 분야에

as it seeks to deepen its relationship with Moscow, 모스크와 관계를 더욱 강화시키기 위한 노력을 하고 있기 때문에

amid mounting pressure from the US 이는 미국의 압력이 더욱 가중되는 가운데 나온 것이다

to curb the country's energy exports 이란의 석유를 수출을 하지 못하게 막고

and diplomatically isolate Tehran. 테헤란을 외교적으로 고립시키려는

Russia has sought 러시아도 노력을 해왔는데

to use its vast oil and gas industry 러시아의 거대한 석유와 천연가스 산업을 이용하려고

to build stronger links with Iran, 이란과 더 강력한 관계구축을 위해

as part of a strategy 전략의 일환이다

to increase its supporting Bashar al-Assad 시리아 대통령 아사드의 지지를 확대시키기 위한

in the Syrian war, 시리아 전쟁에서

as relations with the west sour 현재 서방과의 (이란의) 관계가 시들어지고

and US sanctions force 미국의 제재조치로 말미암아

it to look for new trade and investment partners. 이란이 새로운 무역과 투자 파트너를 찾으려는 것이다

Words for writing : 영작 구문

가중되는 압력 ______________________

이란은 자랑하고 있다 ______________________

러시아가 5백억 달러의 투자를 할 예정이라고 ______________________

이란의 석유와 천연가스 분야에 ______________________

모스코와 관계를 더욱 강화시키기 위한 노력을 하고 있기 때문에

____

이는 미국의 압력이 더욱 가중되는 가운데 나온 것이다 ______________________

이란의 석유를 수출을 하지 못하게 막고 ______________________

테헤란을 외교적으로 고립시키려는 ______________________

러시아도 노력을 해왔는데 ______________________

러시아의 거대한 석유와 천연가스 산업을 이용하려고 ______________________

이란과 더 강력한 관계구축을 위해 ______________________

전략의 일환이다 ______________________

시리아 대통령 아사드의 지지를 확대시키기 위한 ______________________

시리아 전쟁에서 ______________________

현재 서방과의 (이란의) 관계가 시들어지고 ______________________

미국의 제재조치로 말미암아 ______________________

이란이 새로운 무역과 투자 파트너를 찾으려는 것이다 ______________________

Citi bank's automation

Mr Corbat's latest comments are the most explicit the company has made on how the $8bn a year Citi spends on technology could transform its vast consumer bank, which serves 100m customers across 19 markets.
"When you think of data, AI [artificial intelligence], raw digitization of changing processes, we still have tens of thousands of people in call centres, and we know [that] when we can digitise those processes we not only radically change or improve the customer experience, it costs less to provide," he said.

_출처 FT

Translation

시티은행의 완전 자동화

최근 시티뱅크 CEO 코뱃의 언급은, 시티은행이 1년에 기술 분야에서 80억 달러를 (80조원) 사용하는 세계 19개 시장 전역에 1억 명의 고객을 가지고 있는 거대한 소비자 은행을 앞으로 어떻게 기술적으로 변화시킬 것인가에 대한 가장 분명한 언급이다.
그는 이렇게 말한다. "여러분이 데이터에 대해서 생각할 때 그것이 AI 인공지능 즉, 절차를 변경시키는 디지털화라면, 우리는 여전히 전세계 우리 시티은행 콜센터에 수만 명의 직원이 있는데, 이런 절차에서 사람을 쓰지 않고 디지털화 하면 우리는 고객이 필요로 하는 경험을 완전히 바꾸고 발전시킬 뿐만 아니라 서비스 제공비용도 훨씬 절감할 수 있다."

Insight 이지경제해설

시티뱅크 CEO의 노골적 언급
1억명 고객의 은행이 나아갈 방향
시티 콜센터 수만명 대신 AI 디지털화
로봇화로 고객 응대 개선
회사의 비용 절감

미국의 대기업은 지난 스위스에서 개최된 다보스 포럼에서 모든 기업 인프라를 AI로 전환하는 문제에 대하여 두 가지로 의견이 나뉘었다. 하나는 대기업 인원을 인공지능 로봇으로 대체시키면 현 수익을 몇 배로 늘리고 노조 문제도 해결되므로 AI 자동화가 시급하다는 것이다. 또 다른 의견으로 모든 회사는 사람의 복지를 위해 존재하므로 비용보다 사람에게 일할 자리를 공급하는 것이 본래 인도적인 것이므로 자동화는 바람직하지 않다는 것이다. 하지만 세계적 네트워크를 가진 시티은행은 이미 전자, 로봇 자동화 작업을 대체하기 시작했다. 더욱 일자리가 필요한 지금이지만 앞으로 더욱 일자리가 없는 세상이 닥칠 수 있다.

Terms cipher 용어설명

explicit 분명한, 의미가 명확한, 노골적인
consumer bank 일반은행
AI: artificial intelligence 인공지능
raw digitization (complete) 완전 자동화
call centres 고객 서비스 센터
costs less to provide 서비스 제공에 비용이 적게 든다
radically 완전히

Bilingual reading : 영한 읽기

Citi bank's automation 시티은행의 완전 자동화

Mr Corbat's latest comments 최근 시티뱅크 CEO 코뱃의 언급은

are the most explicit 가장 명백한 것이다

the company has made on how 앞으로 어떻게 기술적으로 변화시킬 것인가에 대한

the $8bn a year Citi spends on technology could transform its vast consumer bank, 시티은행이 1년에 기술 분야에서 80억 달러를 사용하는 거대한 소비자 은행을

which serves 100m customers across 19 markets. 세계 19개 시장 전역에 고객 1억 명의 고객을 가지고 있는

"When you think of data, 여러분이 데이터에 대해서 생각할 때

AI [artificial intelligence], 그것이 AI 인공지능 즉,

raw digitization of changing processes, 절차를 변경시키는 디지털화라면

we still have tens of thousands of people in call centres, 우리는 여전히 전세계의 시티은행 콜센터에 수만 명의 직원이 있는데

and we know [that] when we can digities those processes 이들 사람을 쓰지 않고 이런 절차를 디지털화 하면

we not only radically change or improve the customer experience, 우리는 고객이 필요로 하는 경험을 완전히 바꾸고 발전시킬 뿐만 아니라

it costs less to provide," 서비스 제공에 비용도 훨씬 절감할 수 있다고

he said. 그는 말한다

Words for writing : 영작 구문

시티은행의 완전 자동화

최근 시티뱅크 CEO 코뱃의 언급은

가장 명백한 것이다

앞으로 어떻게 기술적으로 변화시킬 것인가에 대한

시티은행이 1년에 기술 분야에서 80억 달러를 사용하는 거대한 소비자 은행을

세계 19개 시장 전역에 고객 1억 명의 고객을 가지고 있는

여러분이 데이터에 대해서 생각할 때

그것이 AI 인공지능 즉,

절차를 변경시키는 디지털화라면

우리는 여전히 전세계의 시티은행 콜센터에 수만 명의 직원이 있는데

이들 사람을 쓰지 않고 이런 절차를 디지털화 하면

우리는 고객이 필요로 하는 경험을 완전히 바꾸고 발전시킬 뿐만 아니라

서비스 제공에 비용도 훨씬 절감할 수 있다고

그는 말한다

EU maybe faces economic slowdown by the Brexit

The slowdown has exposed a thorny problem for Germany. An export champion, it has been one of the biggest beneficiaries of globalization, free trade and open borders: exports are equivalent to 50 per cent of its GDP. "Germany is more deeply entwined with the global economy than perhaps any other country," says Olaf Scholz, the finance minister. "Our prosperity, jobs, social infrastructure depend on our continued ability to sell our products to the rest of the world."

Yet its export success also makes it uniquely vulnerable to external shocks. As a result, Donald Trump's showdown with Xi Jinping, America-first protectionism and weakening growth in big markets like China — whose GDP expanded by just 6.6 per cent last year, the lowest rate since 1990 — are taking a much bigger toll on Germany than on other countries such as France.

_출처 FT

Translation

EU는 브렉시트에 따라 경기침체에 직면할 수 있다

그런 침체는 독일에게 까다로운 문제점을 야기시켰다. 세계 수출 주도국인 독일은 그 동안 국제화, 무역 자유, 국경선 개방으로부터 가장 큰 혜택을 받은 나라였다. 수출은 독일 GDP와 거의 같은 수치였다. 독일은 어쩌면 다른 어떤 나라보다 세계경제와 더욱 깊이 연루되어 왔다. "우리 독일번영과 일자리와 사회 인프라는 세계 나머지 국가에게 우리 상품을 팔기 위한 우리의 꾸준한 능력에 달려있다." 라고 재무장관 숄츠 씨가 말한다.

하지만 수출 성공은 역시 외부적인 충격에 가장 피해를 많이 받게 되어있다. 한 결과로써 미국 제일 보호주의에 의한 트럼프 대통령의 시진핑과의 무역분쟁 및 중국과 같은 큰 시장에서 작년에 GDP가 6.6%까지 확대되기는 했지만, 1990년 이래 최저 수준이라는 성장약화는 프랑스와 같은 다른 나라보다 독일에 가장 큰 피해를 입히고 있다.

Insight 이지경제해설

브렉시트의 결과
특히 수혜를 받았던 독일에 타격
영국과 EU 회원국 전체 피해
미국과의 무역 마찰로 중국 GDP 줄며 시장혼란
일종의 중국의 황사 폭탄

브렉시트의 결과는 영국 만이 아니라 EU 회원국 전체가 함께 피해를 볼 것이다. 이는 세계 시장에도 큰 영향을 미친다. 중국이 저가 물건을 공급해 왔지만 미국과의 무역분쟁 결과 수출이 하락하며 시장을 악화시켰다. 그 결과 지금까지 성장이 있었던 중국과 같은 큰 시장에서 GDP가 줄며 시장이 혼란을 겪고 있다.
이런 상황은 브렉시트의 악영향을 받는 독일은 물론 미국과 무역 마찰을 빚는 중국 어느 쪽도 세계 경제에 호재 아닌 악재로 작용할 것 같다.

Terms cipher 용어설명

to be entwined with 깊이 연계가 되어 있다
export champion 수출 주도국
vulnerable to external shocks 외부 충격에 피해를 입기 쉬운
America-first protectionism 미국 제일 보호주의
weakening growth 성장 둔화
taking a much bigger toll on 가장 큰 피해를 주다

Bilingual reading : 영한 읽기

EU maybe faces economic slowdown EU는 심각한 경기침체에 직면할 수 있다 by the Brexit 브렉시트에 따라

The slowdown 그런 침체는 has exposed a thorny problem for Germany. 독일에게 까다로운 문제점을 야기시켰다

An export champion, 세계 수출 주도국인 독일은 it has been one of the biggest beneficiaries 가장 큰 혜택을 받은 나라가 되었다 of globalization, free trade and open borders: 국제화, 무역 자유, 국경선 개방이라는 exports are equivalent to 50 per cent of its GDP. 수출은 독일 GDP와 거의 같은 수치였다.

"Germany is more deeply entwined with the global economy 독일은 세계경제와 더욱 깊이 연관이 되어왔다 than perhaps any other country," 어쩌면 다른 어떤 다른 나라보다 says Olaf Scholz, the finance minister. 라고 재무장관 숄츠 씨가 말한다.

"Our prosperity, jobs, social infrastructure 우리 번영과 일자리와 사회 인프라는 depend on our continued ability to sell our products 우리 상품을 팔기 위한 우리의 꾸준한 능력에 달려있다 to the rest of the world." 세계 나머지 국가에게

Yet its export success also makes it uniquely vulnerable to external shocks. 하지만 수출 성공은 역시 외부적인 충격에 가장 피해를 많이 받게 되어있다. As a result, Donald Trump's showdown with Xi Jinping, 결과로 트럼프 대통령의 시진핑과의 무역 분쟁인 America-first protectionism and weakening growth in big markets like China 미국 제일보호주의 중국과 같은 큰 시장에서의 자체 성장약화는 — whose GDP expanded by just 6.6 per cent last year, 즉, 작년에 중국의 GDP는 6.6%가 확대되었지만 the lowest rate since 1990 — 이는 1990년 이래 최저 수준이다 are taking a much bigger toll on Germany 독일에 가장 큰 피해를 입히고 있다 than on other countries such as France. 이것은 프랑스와 같은 다른 나라보다

Words for writing : 영작 구문

EU는 브렉시트 결과에 따라 심각한 경기침체에 직면할 수 있다

그런 침체는 독일에게 까다로운 문제점을 야기시켰다

세계 수출 주도국인 독일은 가장 큰 혜택을 받은 나라가 되었다

국제화, 무역 자유, 국경선 개방이라는

수출은 독일 GDP와 거의 같은 수치였다.

어쩌면 다른 어떤 다른 나라보다 독일은 세계경제와 더욱 깊이 연관이 되어왔다

라고 재무장관 숄츠 씨가 말한다.

우리 번영과 일자리와 사회 인프라는

세계 나머지 국가에게 우리 상품을 팔기 위한 우리의 꾸준한 능력에 달려있다

하지만 수출 성공은 역시 외부적인 충격에 가장 피해를 많이 받게 되어있다.

결과로 트럼프 대통령의 시진핑과의 무역 분쟁인

미국 제일보호주의 중국과 같은 큰 시장에서의 자체 성장약화는

즉, 중국의 GDP는 작년에 6.6%가 확대되었지만

이는 1990년 이래 최저 수준이다

독일에 가장 큰 피해를 입히고 있다

이것은 프랑스와 같은 다른 나라보다

Taper liquidity

Modern financial systems have grown dependent on huge central band balance sheets. Yet the assets of central banks around the world have begun to contract significantly, relative to GDP, for the first time since the 2008 crash.

This is important to understand and a dangerous risk for both financial markets and real economies because of the key role played by central banks in the funding system.

Markets wobbled badly last December, echoing an earlier liquidity reduction by the US Federal Reserve in May 2013 that led to the "taper tantrum."

_출처 FT

Translation

운영자금이 줄다

현대 금융 시스템은 거대한 중앙은행에 현 자산이 얼마나 있는가에 크게 연관 되어 왔다. 하지만 전세계 각국의 중앙은행 자산은 2008년 미국 맨하튼 금융제도 붕괴이래 처음으로 GDP에 관련하여 크게 줄기 시작했다. 금융시장과 실제적 경제 두 분야를 위해 이 점을 이해는 것이 중요한데 이는 상당히 위험스런 요소다. 왜냐하면 자금 시스템에 있어서 중앙은행이 하는 중요 역할 때문이다. 금융시장은 작년 12월에 크게 요동쳤으며, 이는 2013년 5월에 미국 연방준비이사회가 보유하고 있는 현금이 크게 줄면서 "축소의 고통" 상태까지 이르게 했던 당시를 연상시켰다.

Insight 이지경제해설

현대 금융시스템의 이해
중앙은행 자산규모의 연관성
중앙은행의 통화보유로 시스템 평가
중앙은행 운영자금 축소의 위험
미 연준 보유현금의 축소로 인한 고통 상기

모든 국가는 현대 금융시스템에 있어서 중앙은행이 외환을 얼마나 가지고 있는가, 또 현재 통화를 얼마나 보유하고 있는가의 액수에 따라, 그 나라의 금융시스템의 강약을 평가하는 것이고, 이를 통해 다우존스 등이 금융신뢰도를 평가한다. 세계 국가 인지도 평가에서 우수는 AAA를 비롯하여 AA, A이고 금융위기에 처할 수준의 나라는 BBB 등급이다. 미국의 중앙은행은 연방준비이사회 즉, FRB로서 미국의 통화정책을 관리하는데 2013년 미국 FRB도 달러보유고가 줄면서 불황조짐까지 이어졌다.

Terms cipher 용어설명

taper liquidity 운영자금 축소
taper tantrum 자금 축소 불안초조
dependent 의존하는, 종속의
central band balance sheets 중앙은행 현금 보유고
financial markets 금융시장, 외화거래 시장. 즉, 파운드, 유로 달러, 엔 등 세계 기축통화를 의미

Bilingual reading : 영한 읽기

Taper liquidity 운영자금이 줄다

Modern financial systems 현대 금융 시스템은

have grown dependent 크게 연관 되어 왔다

on huge central band balance sheets. 거대한 중앙은행에 (현 자산이 얼마나 있는가에)

Yet the assets of central banks around the world 하지만 전세계 각국의 중앙은행 자산은

have begun to contract significantly, relative to GDP, GDP 관련하여 크게 줄기 시작했다

for the first time since the 2008 crash. 2008년 미국 맨하튼 금융제도 붕괴이래 처음으로

This is important to understand and a dangerous risk 이 점을 이해는 것이 중요하고 또 이는 상당히 위험스런 요소다

for both financial markets and real economies 금융시장과 실제 경제분야 두 분야를 위해

because of the key role played by central banks in the funding system. 왜냐하면 자금 시스템에 있어서 중앙은행이 하는 중요 역할 때문이다

Markets wobbled badly last December, 금융시장은 작년 12월에 크게 요동쳤으며

echoing an earlier 당시를 연상시켰다

liquidity reduction by the US Federal Reserve in May 2013 2013년 5월에 미 연방준비 이사회가 보유하고 있는 현금이 크게 줄면서

that led to the "taper tantrum." 축소의 고통 상태로 이어진

Words for writing : 영작 구문

운영자금이 줄다

현대 금융 시스템은 크게 연관 되어 왔다

거대한 중앙은행에

하지만 전세계 각국의 중앙은행 자산은

GDP 관련하여 크게 줄기 시작했다

2008년 미국 맨하튼 금융제도 붕괴이래 처음으로

이 점을 이해는 것이 중요하고 또 이는 상당히 위험스런 요소다

금융시장과 실제 경제분야 두 분야를 위해

왜냐하면 자금 시스템에 있어서 중앙은행이 하는 중요 역할 때문에

금융시장은 작년 12월에 크게 요동쳤으며

당시를 연상시켰다

2013년 5월에 미 연방준비 이사회가 보유하고 있는 현금이 크게 줄면서

축소의 고통 상태로 이어진

Northerner donju

Can the monolithic North Korean political system survive the disruptive force that a market economy poses? The key to the equation might be the donju, who have made themselves an integral part of a complex financial system. Andrei Lankov, a Russian-born North Korean-studies scholar, believes that the donju fear that the collapse of the North Korea an government and subsequent reunification of the Korean Peninsula would mean having to compete with the economic behemoth of South Korea, leaving northerners with second-class status or worse. In this situation, the donju can hardly be thought of as a dissident class they just want the state to lay off them as that they can get rich.

_출처 NYT

Translation

북한의 전주

단일체제인 북한의 정치제도에 있어서 시장경제가 제시하는 파괴적인 힘을 이겨낼 수 있을까? 이 등식의 열쇠는 복잡한 금융제도의 핵심이 되어버린 돈주(전주 錢主)일지도 모른다. 러시아 태생인 북한학 전문가 안드레이 랜코프는, 돈주가 북한 정부 붕괴와 그 이후 있을 한반도 재통일 상황에서 자기들이 남한의 거대한 경제 대기업과 경쟁해야 한다는 것을 의미하며, 이는 북한 사람들을 제2등 시민의 신분이나 그 이하 계층으로 만들지 않을까 두려워하고 있다고 믿고 있다. 이런 상황에서 돈주는 부자가 되려 하는 그들을 그 나라가 결코 제거해야 하는 반체제 계층으로 인정받아서는 안 된다.

Insight 이지경제해설

단일체제와 시장경제
돈주(전주)의 등장
돈주가 이끄는 경제는 극소수
통일 이후 한국자본과 경쟁에서 생존 우려
돈주의 자유 경제활동 장려 필요

북한도 이미 자본주의 형태는 아니더라도 시장이 형성되고 사람들이 경제활동을 하고 있다. 그곳에도 돈을 대는 전주투자가가 있고 그들이 경제를 이끌어가고 있다고 볼 수 있지만, 그들은 자유세계의 거대한 자본에 비교하면 극히 작은 수준이다. 북한에서 돈을 가진 사람은 한반도 통일 시 한국의 거대 자본과 경쟁하여 그들이 살아남을 수 있을지 몹시 두려워한다. 이런 환경에서 통일대비 북한 돈주도 자유롭게 북한 내에서 경제활동을 부자가 될 수 있도록 북한이 만들어주어야 한다. 그들을 정부 반체제 계층으로 생각해서는 안 된다.

Terms cipher 용어설명

monolithic 하나로 된 거대 바위 단일 체제
Donju 돈주 (전주錢主 : investor)
integral 요체 필요한 부분
subsequent reunification북의 정부가 무너짐에 따라 발생하는 한반도 재통일
economic behemoth 거대한 경제 대기업
compete with 경쟁하다
leaving northerners with second-class status 북한 사람을 2등국민으로 만들다
can hardly be thought of 간주 될 수 없다

Bilingual reading : 영한 읽기

Northerner donju 북한 전주

Can the monolithic North Korean political system survive 단일체제인 북한 정치제도가 이겨낼 수 있을까

the disruptive force that a market economy poses? 시장경제가 제시하는 파괴적인 힘을

The key to the equation might be the donju, 이 등식의 열쇠는 돈주일지도 모른다

who have made themselves an integral part of a complex financial system. 복잡한 금융제도의 핵심이 되어버린

Andrei Lankov, a Russian-born North Korean-studies scholar, 러시아 태생인 북한학 전문가 안드레이 랜코프는

believes 믿고 있다

that the donju fear 돈주가 두려워하고 있다

that the collapse of the North Korea an government and subsequent reunification of the Korean Peninsula 북한 정부 붕괴와 그 이후 있을 한반도 재통일은

would mean having to compete with the economic behemoth of South Korea, 자기들이 남한에 거대한 경제 대기업과 경쟁해야 한다는 것을 의미하며

leaving northerners with second-class status or worse. 이는 북한 사람들을 제2등 시민의 신분이나 그 이하 계층으로 만들지 않을까

In this situation, 이런 상황에서

the donju can hardly be thought of as a dissident class 돈주는 결코 반체제 계층으로 인정받아서는 안 된다

they just want the state to lay off them so that they can get rich. 그 나라가 내버려두고 그들이 부자가 되는

Words for writing : 영작 구문

북한 전주

단일체제인 북한 정치제도가 이겨낼 수 있을까

시장경제가 제시하는 파괴적인 힘을

이 등식의 열쇠는 돈주일지도 모른다

복잡한 금융제도의 핵심이 되어버린

러시아 태생인 북한학 전문가 안드레이 랜코프는 믿고 있다

돈주가 두려워하고 있다고

북한 정부 붕괴와 그 이후 있을 한반도 재통일은

자기들이 남한에 거대한 경제 대기업과 경쟁해야 한다는 것을 의미하며

이는 북한 사람들을 제2등 시민의 신분이나 그 이하 계층으로 만들지 않을까

이런 상황에서 돈주는 결코 반체제 계층으로 인정받아서는 안 된다

그 나라가 내버려두고 그들이 부자가 되는

Cyberlibel

Harassing journalists is one of Rodrigo Duterte's specialities. Mr. Duterte, the strongman president of the Philippines, has been going after Maria Ressa, a former CNN reporter and a founder of the online news site Rappler, for two years. The campaign against her combines criminal charges with Facebook smears intended to tarnish her reputation and spread lies about her work.

Earlier this month, Ms. Ressa spent a night in jail on a charge of "cyberlibel" for a 2012 article that Rappler published about allegations of corrupt ties between a businessman and a judge.

_출처 NYT

Translation

사이버 명예훼손

기자를 괴롭히는 것이 로드리고 두테르트 대통령의 특기 중 하나다. 두테르트는 필리핀 독재 대통령으로서 전 CNN 기자이자 온라인 뉴스 사이트 래플러 설립자인 마리아 레사를 거의 2년간 추적해 오고 있다. 그녀에 대한 단속은 그녀의 명성에 먹칠을 하고 그녀 기사에 대해 거짓임을 퍼뜨리기 위한 목적의 페이스북의 악담과 범죄혐의 두 가지가 들어있다.

이번 달 초 레사는 래플러가 한 사업가와 판사 사이에 부패관계 의혹을 게재한 2012년 한 기사로 인해 사이버 명예회손 죄로 하루 동안 감옥에서 지냈다.

Insight 이지경제해설

기자를 괴롭히는 지도자
독재자가 기사를 추적
인터넷의 범죄 혐의 조사
기자 명성 훼손하며 가짜뉴스로 치부
사이버 명예회손 죄로 감금

필리핀 대통령 두테르트는 이제 인터넷에 대한 검열을 시작했는데, 한 예로 전 CNN 기자 마리아 레사가 그에 대해 좋지 못한 기사를 실었던 과거 경력을 추적하여 인터넷을 조사하여 삭제하는 대대적인 삭제 작업이 시작되었다. 필리핀은 인터넷 페이스북에 올리는 모든 기사에 정부 검열을 받는다.

Terms cipher 용어설명

harassing 괴롭히다
specialitie 특기
has been going after 누군가를 추적하다
campaign against her 그녀에 대한 반 사회적인 운동
smear 더럽히다, 악담하다
tarnish 훼손하다, 실추하다, 먹칠하다
on a charge of "cyberlibel" 사이버 명예회손 죄로

Bilingual reading : 영한 읽기

Cyberlibel 사이버 명예훼손

Harassing journalists 기자를 괴롭히는 것이

is one of Rodrigo Duterte's specialities. 로드리고 두테르트 대통령 특기 중 하나다

Mr. Duterte, the strongman president of the Philippines, 필리핀 독재 대통령 두테르트는

has been going after Maria Ressa, 마리아 레사를 추적해 오고 있다

a former CNN reporter and a founder of the online news site Rappler, 전 CNN기자이자 온라인 뉴스 사이트 래플러 설립자인

for two years. 2년간

The campaign against her 그녀에 대한 단속은

combines 포함된다

criminal charges with Facebook smears 페이스북 악담과 더불어 범죄죄목이

intended to tarnish her reputation and spread lies about her work. 그녀 명성에 먹칠을 하고 그녀 기사에 대해 거짓을 퍼뜨리기 위한 두 가지 목적의

Earlier this month, Ms. Ressa 이번 달 초 레사는

spent a night in jail on a charge of "cyberlibel" 사이버 명예회손 죄로 하루 동안 감옥에서 지냈다

for a 2012 article 2012년 한 기사로

that Rappler published 래플러가 게재한

about allegations of corrupt ties between a businessman and a judge. 한 사업가와 판사 사이에 부패관계 의혹을

Words for writing : 영작 구문

사이버 명예훼손 ______

기자들을 괴롭히는 것이 ______

로드리고 두테르트 대통령 특기 중 하나다 ______

필리핀 독재 대통령 두테르트는 ______

마리아 레사를 추적해 오고 있다 ______

전 CNN기자이자 온라인 뉴스 사이트 래플러 설립자인

______

2년간 ______

그녀에 대한 단속은 포함된다 ______

페이스북 악담과 더불어 범죄죄목이 ______

그녀 명성에 먹칠하고 그녀 기사에 대해 거짓을 퍼뜨리기 위한 두 가지 목적의

______

이번 달 초 레사는 ______

사이버 명예회손 죄로 하루 동안 감옥에서 지냈다 ______

2012년 한 기사 때문에 ______

래플러가 게재한 ______

한 사업가와 판사 사이에 부패관계 의혹을 ______

US dollar gets more levers to pull

The enduring potency of the dollar gives force to President Trump's mode of engagement. It has enabled his Treasury to find buyers of government savings bonds at low rates, even with his $1.5 trillion worth of tax cuts adding to the deb. It has reinforced Mr. Trump's authority in imposing foreign policies on an often-reluctant world by amplifying the power of his trade sanctions – especially against Iran and Venezuela.

_출처 NYT

Translation

달러가 점점 힘을 받는다

지속되는 달러의 힘은 트럼프 대통령의 개입주의 스타일에 더 많은 힘을 실어주고 있다. 이것은 그의 행정부 재무부로 하여금 트럼프 대통령의 1조5천억 달러 세금감면을 적자예산으로 돌리면서까지 정부의 저축 채권을 낮은 가격으로 사들이는 구매자들을 찾게 했다. 이것은 그의 무역제재조치의 힘을 더욱 강화시킴으로써 특히 이란과 베네수엘라 같은 꺼려 하는 세계 각국에서 외교정책을 펴는데 트럼프 권위를 한 층 더 강화시켰다.

Insight 이지경제해설

달러 가치 상승
미국정부 예산 적자
미국 재무부가 낮은 금리로 채권 발행
무역 제재조치 더욱 강화
달러가치 상승에 미 대통령 국제무대 권위상승

트럼프 대통령이 당선된 이래로 달러가 안정세를 보임으로써 미 재무부로 하여금 낮은 금리로 미국채를 발행하게 했다. 미 정부가 예산이 지속적으로 적자를 보이지만 국제적 달러가치 상승으로 미국경제가 더 호황이 되었다. 트럼프 대통령은 국내 문제가 많은 대통령이지만 달러가치 강세로 인해 그의 국제적 입장은 더욱 공고해 진 것으로 전망한다.

Terms cipher 용어설명

enduring potency: 지속적인 힘: 달러와 같은 화폐의 지속적인 가치
engagement 개입, 화해, 약속
Treasury 재무부
savings bond 저축 채권
low rates 낮은 금리
tax cut 세금 감면
President's authority 대통령 권위, 대통령 권한
amplifying 강화시키다
often-reluctant 종종 달가워하지 않다

Bilingual reading : 영한 읽기

US dollar gets more levers to pull 달러가 점점 힘을 받는다

The enduring potency of the dollar 지속되는 달러의 힘은

gives force to President Trump's mode of engagement. 트럼프 대통령의 개입주의 스타일에 더 많은 힘을 실어주고 있다.

It has enabled his Treasury 이것은 그의 행정부 재무부로 하여금

to find buyers of government savings bonds at low rates, 트럼프 대통령의 정부의 저축 채권을 낮은 가격으로 사들이는 구매자들을 찾게 했다.

even with his $1.5 trillion worth of tax cuts adding to the deb. 1조5천억 달러 세금감면을 적자예산으로 돌리면서까지

It has reinforced Mr. Trump's authority 이것은 트럼프 권위를 더 강화시켰다

in imposing foreign policies on an often 그의 무역제재조치의 힘을 더욱 강화시킴으로써

-reluctant world by amplifying the power of his trade sanctions 즉 내켜 하지 않는 세계 각국에서 외교정책을 펴는데.

– especially against Iran and Venezuela. 특히 이란, 베네수엘라 같은 나라

Words for writing : 영작 구문

달러가 점점 힘을 받는다 ______________________________

지속되는 달러의 힘은 ______________________________

트럼프 대통령의 개입주의 스타일에 더 많은 힘을 실어주고 있다.

____

이것은 그의 행정부 재무부로 하여금 ______________________________

트럼프 대통령 정부의 저축 채권을 낮은 가격으로 사들이는 구매자를 찾게 했다.

____

1조5천억 달러 세금감면을 적자예산으로 돌리면서까지

____

이것은 트럼프 권위를 더 강화시켰다 ______________________________

그의 무역제재조치의 힘을 더욱 강화시킴으로써 ______________________________

즉 내켜 하지 않는 세계 각국에서 외교정책을 펴는데

____

특히 이란, 베네수엘라 같은 나라 ______________________________

Below-mark

President Trump derided the Green New Deal as a "high school term paper that got a low mark," Congressional Republicans mocked it as "zany." Even Nancy Pelosi, the Democratic House speaker, called the proposal a "green dream," and some of the party's 2020 candidates are starting to describe it as merely aspirational.
Yet, despite that disdain, the goals of the far-reaching plan to tackle climate change and economic inequality are within the realm of technological possibility, several energy experts and economist said in recent interviews.

_출처 NYT

Translation

낮은 평가의 법안

트럼프 대통령은 녹색 뉴딜정책을 고등학교 학기말 C학점 과제물이라고 비꼬았다. 공화당 국회는 이것을 바보스러운 짓이라고 조소했다. 심지어 민주당 하원의장 낸시 팰로시도 이 제안 녹색뉴딜은 꿈에 불과하다고 불렀고 2020년 대선후보자 몇 사람도 이것을 가리켜 희망사항일 뿐이라고 서술하기 시작했다.
이와 같은 불신에도 불구하고 일기변화와 경제적 불균형 문제를 해결하기 위한 그런 도달하기 어려운 목표의 계획에 대하여 몇몇 에너지 전문가와 경제인들이 기술적 측면에서는 가능하다고 인터뷰에서 말했다.

Insight 이지경제해설

대통령이 비꼰 그린뉴딜정책
공화당이 조소한 정책
민주당 하원의장이 꿈이라고 부른 정책
대선후보들이 희망사항이라고 서술
기술적 측면에서 가능하다는 전문가 견해

The Green New Deal이란 의원 두 사람이 제출한 법안이다. 기후 변화로 말미암아 고통을 겪고 사회적으로 경제적 불균등 문제를 앓고 있는데, 녹색 뉴딜 즉 일기 변화와 경제 불균형 문제를 해결하기 위한 경제부양책을 법안으로 통과하게 되면 두 가지를 해결할 수 있다고 뉴욕 하원 초선의원 알렉산드리아 오카시오 코르테스가 주장한 정책이다.

Terms cipher 용어설명

below-mark 낮은 평가
deride 비꼬다
zany 바보스러운, 어릿광대
green dream 꿈에 불과하다
aspirational 희망사항
far-reaching 전반적인
tackle 해결하다
realm of technological possibility 기술적 측면에서는 가능한

Bilingual reading : 영한 읽기

Below-mark 낮은 평가의 법안

President Trump derided 트럼프 대통령은 비꼬았고

the Green New Deal as a "high school term paper that got a low mark," 녹색 뉴딜 정책을 고등학교 학기말 C학점 과제물이라고

Congressional Republicans mocked it as "zany." 공화당 국회는 이것을 바보스러운 짓이라고

Even Nancy Pelosi, the Democratic House speaker, 심지어 민주당 하원의장 낸시 팰로시도

called the proposal a "green dream," 이 제안은 녹색뉴딜은 꿈에 불과하다고 불렀고

and some of the party's 2020 candidates 2020년 대선후보자 몇 사람도

are starting to describe it as merely aspirational. 이것을 가리켜 희망사항일 뿐이라고 서술하기 시작했다

Yet, despite that disdain, 이와 같은 불신에도 불구하고

the goals of the far-reaching plan 도달하기 어려운 그런 계획의 목표는

to tackle climate change and economic inequality 일기변화와 경제적 불균형 문제를 해결하기 위한

are within the realm of technological possibility, 기술적인 측면에서는 가능하다고

several energy experts and economist said in recent interviews. 몇몇 에너지 전문가와 경제인들이 인터뷰에서 말했다

Words for writing : 영작 구문

낮은 평가의 법안 ______

트럼프 대통령은 비꼬았고 ______

녹색 뉴딜 정책을 고등학교 학기말 C학점 과제물이라고

______

공화당 국회는 이것을 바보스러운 짓이라고 ______

심지어 민주당 하원의장 낸시 팰로시도 ______

이 제안은 녹색뉴딜은 꿈에 불과하다고 불렀고 ______

2020년 대선후보자 몇 사람도 ______

이것을 가리켜 희망사항일 뿐이라고 서술하기 시작했다

______

이와 같은 불신에도 불구하고 ______

도달하기 어려운 그런 계획의 목표는 ______

일기변화와 경제적 불균형 문제를 해결하기 위한 ______

기술적인 측면에서는 가능하다고 ______

몇몇 에너지 전문가와 경제인들이 인터뷰에서 말했다

______

Rising home price brings and strong economic stimulus

This all sounds very bad, but for anyone who isn't trying to sell a home, rising home prices help the economy in small but important ways, like making people feel richer and building up home equity that owners can tap and spend elsewhere. But increased spending from people feeling richer is not nearly as important as the pace of home sales and the volume of construction, since both of those create many jobs — for people like real estate agents and mortgage brokers on the sales side, and the architects, construction workers, electricians, plumbers and others who design and build new homes.

_출처 NYT

Translation

집값 상승은 경기를 부양시킨다

이런 모든 것이 대단히 나쁜 것으로 들리지만 집을 팔려고 하지 않는 사람한테는 집값이 오르면 적으나마 경제에 중요한 도움을 준다. 그것은 사람들로 하여금 더 부자가 되었다는 기분을 느끼게 하고 집의 가치를 끌어올려서 투자할 수 있는 곳을 물색하여 다른데 쓸 수 있기 때문이다. 그러나 부자가 된 것을 느끼는 사람으로부터 느끼는 소비증가는 집 판매 속도나 건축 분량만큼 중요하지 않다. 집 판매와 건설은 그런 일을 하는 즉, 부동산 업자, 판매 측면 모기지 업자, 건축업자, 건설공사장 근로자, 전기기사, 배관공, 새로 집을 디자인하고 집을 짓는 사람들 등 많은 일자리를 창출하기 때문이다.

Insight 이지경제해설

집값 상승은 주택소유주에게 도움
부자가 된 기분으로 투자처 물색
소비심리 상승은 약한 비중
주택매매 및 건설은 일자리 창출
부동산 시장 활력이 경기부양에 기여

집을 팔지 않고 소유하고 있는데 부동산 가격이 상승하면 주택소유주는 더욱 부자가 된 것 같은 마음을 갖게 된다. 그런 면에서 집값상승은 경제가 돌아가는데 적지만 상당히 중요한 도움을 준다. 그렇지만 이것은 주택매매나 건축만큼 중요한 분량은 아니다. 집이 팔리면 건축 분량이 늘고 그곳에 수많은 일자리가 창출되면서 부동산 시장의 활력이 경기부양책에 크게 기여할 수 있기 때문이다.

Terms cipher 용어설명

home equity 주택 주식, 주택 가치, 집값
building up home equity 주택가격을 끌어 올리다
tap 기회를 찾다
increased spending 소비성향 증가
the pace of home sales 주택 매기 열기
mortgage brokers 모기지 거래인
real estate agents 부동산 중개인
electricians 전기기사
plumbers 배관공

Bilingual reading : 영한 읽기

Rising home price brings and strong economic stimulus 집값 상승은 경기를 부양시킨다

This all sounds very bad, 이런 모든 것이 대단히 나쁜 것으로 들리지만

but for anyone who isn't trying to sell a home, 집을 팔려고 하지 않는 사람한테는

rising home prices help the economy in small but important ways, 집값이 오르면 적으나마 경제에 중요한 도움을 준다

like making people feel richer and building up home equity 그것은 사람들로 하여금 더 부자가 되었다는 기분을 느끼게 하고 집의 가치를 끌어올려서

that owners can tap and spend elsewhere. 소유주가 투자할 수 있는 곳을 물색하여 다른데 쓸 수 있기 때문이다.

But increased spending from people feeling richer 그러나 부자가 된 것을 느끼는 사람으로부터 느끼는 소비 증가는

is not nearly as important as the pace of home sales and the volume of construction, 집 판매 속도나 건축 분량만큼 중요하지 않다

since both of those create many jobs 그것은 집 판매와 건설은 많은 일자리를 만들어 내기 때문이다

— for people like 즉, 이와 같은 사람들

real estate agents and mortgage brokers on the sales side, 부동산 업자, 판매측면 모기지 업자,

and the architects, construction workers, 건축업자, 건설공사장 근로자

electricians, plumbers and others who design and build new homes. 전기기사와 배관공과 새로 집을 짓고 디자인하는 다른 사람들이

Words for writing : 영작 구문

집값 상승은 확실하게 경기를 부양시킨다

이런 모든 것이 대단히 나쁜 것으로 들리지만

집을 팔려고 하지 않는 사람한테는

집값이 오르면 적으나마 경제에 중요한 도움을 준다

그것은 사람들로 하여금 더 부자가 되었다는 기분을 느끼게 하고 집의 가치를 끌어올려서

소유주가 투자할 수 있는 곳을 물색하여 다른데 쓸 수 있기 때문이다

그러나 부자가 된 것을 느끼는 사람으로부터 느끼는 소비 증가는

집 판매 속도나 건축 분량만큼 중요하지 않다

많은 일자리를 만들어 내기 때문이다

그것은 집 판매와 건설은

즉, 이와 같은 사람들-

부동산 업자, 판매 측면 모기지 업자,

건축업자, 건설공사장 근로자

전기기사와 배관공과 새로 집을 짓고 디자인하는 다른 사람들이

Economy may be overshadowed

The largest demand for housing is at the lower end of the market, the hardest the lower end of the market, the hardest to serve profitably, although in conference calls a number of builders said they were shifting some of their building and land buying toward cheaper, smaller homes. This may or may not improve the pace of building.
The result is that the housing sector — the residential construction components of G.D.P., taken together — accounted for only 3.9 percent of the economy in the third quarter, and has helped drag down overall economic output for three quarters.
In other words: Housing is in recession already. It might not get better soon, but it probably won't get worse.

_출처 NYT

Translation

경제가 악재로 인해 나빠질 수 있다

가장 큰 주택수요가 시세에 있어서 가장 심하게 전보다 더 낮은 시장의 바닥으로 가라앉았고 이익을 내기에도 가장 어려운 상태이지만, 많은 건설업자들이 전화 인터뷰에서 그들은 자신들의 건축방식 일부를 바꾸었고 좀 더 싼 땅 매입으로 방향을 바꾸고 주택규모를 이전보다 더 작게 전환하고 있다고 말하고 있다. 이것은 앞으로 건설 속도를 개선시킬 수도 있고 그렇지 않을 수도 있다.
그 결과 총합 GDP의 주택분야가 차지하는 주택부분 비율이 3, 4분기에 미국 경제의 단지 3.9%만 차지했을 뿐이고 이것은 3, 4분기 동안 전체적인 경제 생산실적을 밑으로 끌어내리는 역할을 했다.
다시 말하면 주택은 이미 불황에 와있다. 건설분야는 빠르게 회복되지 않을지 모르기는 하지만 그 이상 악화되지는 않을 것 같다.

Insight 이지경제해설

주택수요 격감으로 건설업의 전환 노력
건설 경기 개선 미지수
GDP 대비 주택 비율 감소
주택비율 감소가 전체 생산실적 하락역할
주택경기 추가악화는 없을 것으로 전망

미국에서 주택가격이 불황일 때 경기 역시 침체가 왔는데, 지금 미국경제는 이전과 비교하여 많이 좋아졌는데도 주택경기가 침체상태다. 이는 통상적 경제이론과 일치되지 않는다. 통상적 상황을 고려해볼 때 현재 미국 주택경기가 침체기이기 때문에 미국의 경기호황이 장기로 계속되지 않을지 모른다는 결론이 나온다.

Terms cipher 용어설명

lower end 저점, 가장 낮은 수준, 싼 값
in conference calls 전화 인터뷰에서
pace of building 건설 속도
G.D.P., taken together 차지한 GDP 총액
residential construction components 주택 건설 분야
accounted for 차지하다, 설명하다
drag down 끌어내리다
overall economic output 전체적인 경제 생산량
won't get worse 더 이상 악화되지 않을지도 모른다

Bilingual reading : 영한 읽기

Economy may be overshadowed 경제가 악재로 인해 나빠질 수 있다

The largest demand for housing is at the lower end of the market, 가장 큰 주택수요가 전보다 더 낮게 시장의 바닥으로 가라앉았고

the hardest the lower end of the market, 시세에서 가장 심하게 낮게 떨어지고

the hardest to serve profitably, 이익을 내기 가장 어렵게도

although in conference calls a number of builders said 하지만 전화 인터뷰에서 많은 건설업자들은 말하고 있다

they were shifting some of their building 그들은 건축방식 일부를 바꾸고

and land buying toward cheaper, 좀 더 싼 방향으로 땅을 매입하며

smaller homes. 이전보다 더 적은 주택규모로

This may or may not improve the pace of building. 이것은 앞으로 건설 속도를 개선시킬 수도 있고 그렇지 않을 수도 있다

The result is that 그 결과는 이런 것이다

the housing sector 주택부분은

— the residential construction components of G.D.P., taken together — 즉 총합 GDP의 주택 분야가 차지하는 비율은

accounted for only 3.9 percent of the economy in the third quarter, 3, 4분기에 미국 경제에 단지 3.9%만 차지했을 뿐이고

and has helped drag down overall economic output for three quarters. 이것은 3, 4분기 동안 전체적인 경제 생산실적을 밑으로 끌어내리는 역할을 한

In other words: Housing is in recession already. 다른 말로 하자면 주택은 이미 불황에 와있다

It might not get better soon, but it probably won't get worse. 건설분야는 빠르게 회복되지 않을지 모르고 하지만 이 이상 악화되지는 않을 것 같다

Words for writing : 영작 구문

경제가 악재로 인해 나빠질 수 있다

가장 큰 주택수요가 전보다 더 낮게 시장의 바닥으로 가라앉았고

시세에서 가장 심하게 낮게 떨어지고

이익을 내기 가장 어렵게도

하지만 전화 인터뷰에서 많은 건설업자들은 말하고 있다

그들은 건축방식 일부를 바꾸고

좀 더 싼 방향으로 땅을 매입하며

이전보다 더 적은 주택규모로

이것은 앞으로 건설 속도를 개선시킬 수도 있고 그렇지 않을 수도 있다

그 결과는 이런 것이다

주택부분은

즉 총합 GDP의 주택 분야가 차지하는 비율은

3, 4분기에 미국 경제에 단지 3.9%만 차지했을 뿐이고

이것은 3, 4분기 동안 전체적인 경제 생산실적을 밑으로 끌어내리는 역할을 한

다른 말로 하자면 주택은 이미 불황에 와있다

건설분야는 빠르게 회복되지 않을지 모르고 하지만 이 이상 악화되지는 않을 것 같다

Hostile all-stock offers

Barric Gold has launched a hostile $18bn all-stock offer for its closest rival Newmont Mining, unleashing a bitter war of words between two companies whose combination would create the world's biggest gold producer.
The Toronto-listed Barrick said a nilpremium merger would offer greater benefits to shareholders than Newmont's planned $10bn acquisition of Canadian miner Goldcorp, which it described as "desperate and bizarre."

_출처 FT

Translation

반감을 사는 전량 주식 제안

배릭 골드 금 광산회사가 그 회사의 라이벌 뉴몬트 광산회사 인수를 위해 현금대신 적대적인 180억 달러에 달하는 자사 내 전량 주식으로 지급하는 제안을 했는데, 이로 인해 두 회사가 합병될 경우 세계에서 가장 거대한 금 생산업자를 탄생시킬 수도 있는 두 회사 사이에 과격한 말싸움이 터졌다.
터론토 증시에 등록된 배릭 회사는 주식 합병이 캐나다 광산회사 골드 코퍼레이션을 뉴몬트가 현재 계획 중인 백억 달러 인수보다 주주들에게 더 많은 이익을 가져다 주게 될 것이라고 말했고, 이에 캐나다 골드 코퍼레이션은 "이것은 상대가 우리회사를 몹시 탐을 내는 듯한 좀 웃기는 일이다" 라고 말했다.

Insight 이지경제해설

배릭 금광 회사가 주식으로 인수 제안
세계 최대 금생산 회사 탄생 가능성의 두 당사자간 싸움
현재 계획 중인 인수액보다 주주에게 유리
골드 코퍼레이션이 탐을 내는 배릭을 조소
거래 성사시 순간 주식가격 동요 가능성

캐나다 배릭 골드가 그의 라이벌 회사 뉴몬트 마이닝을 전량 주식으로 인수한다는 제안을 하면서, 주식으로 지급할 때 상대 주주들에게 현금보다 더 큰 혜택을 줄 것이라고 주장한다. 상대편 회사에서는 현재 백억 달러를 주장하고 배릭회사는 전량 주식지급을 제안했다. 이런 경우는 거래가 이루어질 때 주식가격이 순간적으로 상승이나 하락을 할 수도 있다.

Terms cipher 용어설명

hostile 적대적인
hostile merger 적대적인 합병, 상대편은 원치 않는데도 불구하고 절대적 주식지분이라는 인수를 통한 강제 합병
all-stock offer 전량 주식으로 제공하는 제안
unleashing 무제한으로 풀어버리다, 사태를 유발시키다
combination: merger 두 가지를 하나로 합치다
nilpremium: no premium 무 혜택, 액면가 그대로
desperate 몹시 절실한, 몹시 희망하는
bizarre 이상한, 이해하기 어려운

Bilingual reading : 영한 읽기

Hostile all-stock offers 반감을 사는 전량 주식 제안

Barric Gold has launched 배릭 골드 금 광산회사가 제안을 하면서

a hostile $18bn all-stock offer 적대적인 180억 달러에 달하는 자사 내 전량 주식으로 현금대신 지급하는

for its closest rival Newmont Mining, 그 회사의 라이벌 뉴몬트 광산회사 인수를 위해

unleashing a bitter war of words between two companies 두 회사 사이에 과격한 말 싸움이 터졌다

whose combination would create the world's biggest gold producer. 두 회사가 합병되면 세계에서 가장 거대한 금 생산업자를 탄생시킬 수도 있는

The Toronto-listed Barrick said 터론토 증시에 등록된 배릭 회사는 말했고

a nilpremium merger 액면가 그대로의 주식 합병은

would offer greater benefits to shareholders 주주들에게 더 많은 이익을 가져다 주게 될 것이라고

than Newmont's planned $10bn acquisition 뉴몬트가 현재 계획하고 있는 백억 달러 인수보다

of Canadian miner Goldcorp, 캐나다 광산회사 골드 코퍼레이션의

which it described as "desperate and bizarre." 캐나다 골드 코퍼레이션은 "상대가 우리회사를 몹시 탐을 내는 듯한 좀 웃기는 일이다" 라고 말했다

Words for writing : 영작 구문

반감을 사는 전략 주식 제안 ______________________

배릭 골드 금 광산회사가 제안을 하면서 ______________________

적대적인 180억 달러에 달하는 자사 내 전략 주식으로 현금대신 지급하는

____

그 회사의 라이벌 뉴몬트 광산회사 인수를 위해 ______________________

두 회사 사이에 과격한 말 싸움이 터졌다 ______________________

두 회사가 합병되면 세계에서 가장 거대한 금 생산업자를 탄생시킬 수도 있는

____

터론토 증시에 등록된 배릭 회사는 말했고 ______________________

액면가 그대로의 주식 합병은 ______________________

주주들에게 더 많은 이익을 가져다 주게 될 것이라고 ______________________

뉴몬트가 현재 계획하고 있는 백억 달러 인수보다 ______________________

캐나다 광산회사 골드 코퍼레이션의 ______________________

이에 캐나다 골드 코퍼레이션은 "상대가 우리회사를 몹시 탐을 내는 듯한 좀 웃기는 일이다" 라고 말했다 ______________________

Deceleration

Growth in the emerging world is not what it used to be. 1 January the IMF revised down its forecast for EM-wide growth this year to just 4.5 per cent, representing the second straight year of deceleration.
Some are more pessimistic still. UBS estimates that Ems saw annualized growth of just 2.9 percent in the fourth quarter of 2018, little more than half the post-crisis average of 5.6 per cent.

_출처 NYT

Translation

일치하지 않는 성장

개발도상국가들의 현재 성장은 이전과 같지 않다. 1월1일 IMF는 올해 개발도상국가 전역의 성장률 전망을 단 4.5%로 하향 수정했는데 이는 2년 연속으로 경제성장이 감소하고 있음을 나타낸다.
하지만 일부 국가는 좀 더 비관적이다. UBS은행의 세계 통계에서 개발도상국들에 대한 2018년 사사분기 연 성장률을 불과 2.9%로 보았는데 이는 경제위기 이후 평균성장률 5.6%의 절반을 상회하는 수준에 불과하다.

Insight 이지경제해설

개발도상국가들의 성장 둔화
2년 연속 경제성장 감소
일부 국가는 더 비관적
경제위기 이후 평균성장률의 절반 수준

스위스 바젤 및 취리히에 본사를 둔 글로벌 금융그룹인 UBS은행의 통계에 의하면 개도국 경제성장이 시간이 감에 따라 점점 수치가 내려가고 있는데, 나라마다 수치가 각각 다르다. 개도국 성장률을 전년도 사사분기 때 2.9% 정도로 하향조정이 되었고 이는 세계 경제가 호황에서 불황으로 서서히 이동하고 있음을 의미한다.

Terms cipher 용어설명

deceleration 속도 가치 평가 등이 줄다, 감소하다
is not what it used to be 이전과 같지 않다
revised down 하향 조정하다
revised upward 상향 조정하다
second straight year 2년 연속
annualized growth 연 성장
post-crisis average 2008년 경제위기 이후 평균치

Bilingual reading : 영한 읽기

Deceleration 일치하지 않는 성장

Growth in the emerging world is not what it used to be. 개발도상국가들의 현재 성장은 이전과 같지 않다

1 January the IMF revised down 1월1일 IMF는 하향 수정했고

its forecast for EM-wide growth 개발도상국가 전역의 성장률 전망을

this year to just 4.5 per cent, 올해 단지 4.5%로

representing the second straight year of deceleration. 왜냐하면 2년 연속으로 경제성장이 감소하고 있음을 의미하고 있기 때문이다

Some are more pessimistic still. 하지만 일부 국가는 좀 더 비관적이다

UBS estimates UBS은행의 세계 통계에서 전망한다

that Ems saw 개발도상국들은 보인다

annualized growth of just 2.9 percent in the fourth quarter of 2018, 2018년 사사분기에 연 성장률을 불과 2.9%로

little more than half the post-crisis average of 5.6 per cent. 이는 경제위기 이후 평균성장률 5.6%의 1/2을 상회하는 수준이다

Words for writing : 영작 구문

일치하지 않는 성장

계발도상국가들의 현재 성장은 이전과 같지 않다

1월1일 IMF는 하향 수정했고

개발도상국가 전역의 성장률 전망을

올해 단지 4.5%로

2년 연속으로 경제성장이 감소하고 있음을 의미하고 있기 때문이다

하지만 일부 국가는 좀 더 비관적이다

UBS 세계 통계에서 전망한다

개발도상국들은 2018년 사사분기에 연 성장률을 불과 2.9%로 본다

이는 경제위기 이후 평균성장률 5.6%의 1/2을 상회하는 수준이다

The switch some of American investors taking

Old investors, like old dogs, can learn new tricks. Warren Buffett will no longer publish Berkshire Hathaway's annual change in book value per share. Its stock price growth will be the measure to watch, according to Saturday's shareholder letter. The switch by America's best-known investor shows that his business has changed fundamentally.

_출처 YT

Translation

미국의 일부 투자자가 변화를 시도하고 있다

오랜 투자가는 오래된 개와 마찬가지로 새로운 술책을 배워야 한다. 워런 버핏은 버크셔 헤더웨이의 연례 장부상 주가변동을 더 이상 공개하지 않으려고 한다. 토요일 자로 발행되는 주주편지에 의한 그의 주식가격 성장은 앞으로 지켜볼 척도가 될 것이다. 미국에서 가장 잘 알려져 있는 이 투자가가 이런 식으로 영업방법을 바꾼 것은 그의 사업이 근본적으로 변화가 생겼다는 것을 말해 준다.

Insight 이지경제해설

오랜 전문 투자가도 새 방법이 필요
버크셔는 주가변동 공개를 중지
그의 주식가격 성장이 척도
영업방법 변경은 사업방식 변화 의미

시간이 가면서 미국의 경영인들의 사업방식도 근본적으로 변화가 생기기 시작했다. 한 예로서 가장 널리 알려진 미국의 투자가 워런 버핏이 자기 주가에 대한 연례 변화에 대한 보고를 더 이상 발표하지 않겠다는 의사를 밝혔다. 이것은 최근 그의 기업체 합병인수가 성공적이지 못했다는 것을 암시한다.

Terms cipher 용어설명

old dogs 한 분야에 오랜 경험을 쌓은 사람
new tricks 새로운 술책전략
annual change 연례 주가변동
publish 공개하다
book value 한 회사의 자산 가치
measure to watch 지켜볼 만한 척도
fundamentally 근본적으로

Bilingual reading : 영한 읽기

The switch some of American investors taking 미국의 일부 투자자가 변화를 시도하고 있다

Old investors, like old dogs, can learn new tricks. 오래된 투자가는 오래된 개와 같이 새로운 술책을 배워야 한다

Warren Buffett will no longer publish 워런 버핏은 더 이상 공개하지 않으려고 한다

Berkshire Hathaway's annual change in book value per share. 버크셔 헤더웨이의 연 장부상 주가 변동을

Its stock price growth will be the measure to watch, 그의 주식 가격 성장은 앞으로 지켜볼 척도가 될 것이다

according to Saturday's shareholder letter. 토요일 자로 발행되는 주주 편지에 의하면

The switch by America's best-known investor shows 미국에서 가장 잘 알려져 있는 이 투자가가 이런 식으로 영업방법을 바꾼 것은 보여 준다

that his business has changed fundamentally. 그의 사업이 근본적으로 변화가 생겼다는 것을

Words for writing : 영작 구문

미국의 일부 투자자가 변화를 시도하고 있다

오래된 투자가는 오래된 개와 같이 새로운 술책을 배워야 한다

워런 버핏은 더 이상 공개하지 않으려고 한다

버크셔 헤더웨이의 연 장부상 주가 변동을

그의 주식 가격 성장은 앞으로 지켜볼 척도가 될 것이다

토요일 자로 발행되는 주주 편지에 의하면

미국에서 가장 잘 알려져 있는 이 투자가가 이런 식으로 영업방법을 바꾼 것은 보여 준다

그의 사업이 근본적으로 변화가 생겼다는 것을

NY major stocks to their peaks

The United States stock market is off to its best start since 1987, but these investors are expected to dump hundreds of billions of dollars of shares this year.
So who is pushing prices higher? In part, the companies themselves.
American corporations flush with cash from last year's tax cuts and a growing economy are buying back their own shares at an extraordinary clip. They have good reason: Buybacks allow them to return cash to shareholders, burnish key measures of financial performance and raise their share prices.
The surge in buybacks reflects a fundamental shift in the way the market is operating, cementing the position of corporations as the single largest source of demand for American stocks. .

_출처 NYT

Translation

뉴욕의 주요 주식이 최고점으로 향하다

미국 증시가 1987년 이래 가장 좋은 상태에서 출발하고 있지만 투자가들은 금년에도 수천억 달러의 주식을 갖다 버려야 할 것으로 생각된다.
그러면 누가 이 주식 가격을 끌어올리는가? 그것은 부분적으로 회사 자신들이다.
작년 세금감면과 점점 커져가는 경제로부터 생긴 현금이 넘쳐흐르는 미국기업들은 빠른 속도로 자신들의 주식을 다시 사들이고 있다. 그들은 충분한 이유가 있다. 곧, 환매는 회사가 주주들에게 현금을 돌려줄 수 있고 주식 영업실적의 주요한 조치를 취할 수 있으며 동시에 그들의 주식가격을 끌어올릴 수 있기 때문이다.
환매가 급증하는 것은 증시운영의 근본적 변화가 생겼음을 반영하며 미국주식 수요의 최대 구매자가 바로 미국 기업체라는 생각을 더욱 굳혀준다.

Insight 이지경제해설

미국 증시가 1987년 이래 호황에서 출발
기업 투자가들이 거대주식 처분 예상
현금보유가 많은 미국기업이 자신의 주식을 재구입
환매는 회사가 주주에게 현금 제공
환매는 주식으로 영업실적 향상
환매는 자기회사 주식가격을 상승

미국 증시의 운영방법에 있어서 상장된 기업들 모두가 자신들의 주식을 팔기 바쁘고 경기가 좋아지면 사들이기 바쁘다. 금년 들어서 미국의 모든 기업, 투자 신탁 금융기관이 주식에 뛰어들고 있다. 미국 경제가 좋아진 것은 작년 세금감면이 모든 기업에 큰 폭으로 있었으므로 기업이 주식을 환매하면서 생긴 넘쳐흐르는 달러가 미국 경기를 호전시키고 있는 것이다.

Terms cipher 용어설명

is off to its best start 가장 좋은 상태에서 출발하다
pushing prices 가격을 끌어올리다
flush with 현금이 넘쳐흐르는
buying back 팔았던 물건을 일정 시기에 다시 사들이다, 환매하다
buybacks 환매
extraordinary clip 빠른 속도로
burnish 광을 내다, 빛을 내다
fundamental shift 시장운영 방법의 근본적 변화
cementing 강화시키다

Bilingual reading : 영한 읽기

NY major stocks to their peaks 뉴욕의 주요 주식이 최고점으로 향하다

The United States stock market 미국 증시가

is off to its best start since 1987, 1987년 이래 가장 좋은 상태에서 출발하고 있다

but these investors 그러나 투자가들은

are expected to dump hundreds of billions of dollars of shares this year. 금년에도 수천억 달러 주식을 갖다 버려야 할 것으로 생각된다

So who is pushing prices higher? 그러면 누가 이 주식 가격을 끌어올리는가?

In part, the companies themselves. 그것은 부분적으로 회사 자신들이다

American corporations flush with cash 생긴 현금이 넘쳐흐르는 미국 기업들은

from last year's tax cuts 작년 세금 감면과

and a growing economy 점점 커져가는 경제로부터

are buying back their own shares 그들 자신의 주식을 다시 사들이고 있다

at an extraordinary clip. 빠른 속도로

They have good reason: 그들은 충분한 이유가 있다

Buybacks allow them to return cash to shareholders, 환매는 곧 회사가 주주들에게 현금을 돌려줄 수 있고

burnish key measures of financial performance 주식 영업실적의 주요한 조치를 취할 수 있고

and raise their share prices. 동시에 자신들의 주식가격을 끌어올릴 수 있기 때문이다

The surge in buybacks 환매가 급증하는 것은

reflects a fundamental shift in the way the market is operating, 증시 운영의 근본적 변화가 생겼음을 반영하며

cementing the position of corporations 바로 미국 기업체라는 생각을 더욱 굳혀준다

as the single largest source of demand for American stocks. 미국 주식 수요의 최대 구매자로

Words for writing : 영작 구문

뉴욕의 주요 주식이 최고점으로 향하다

미국 증시가 1987년 이래 가장 좋은 상태에서 출발하고 있다

그러나 투자가들은 금년에도 수천억 달러 주식을 갖다 버려야 할 것으로 생각된다

그러면 누가 이 주식 가격을 끌어올리는가?

그것은 부분적으로 회사 자신들이다

생긴 현금이 넘쳐흐르는 미국 기업들은

작년 세금 감면과 점점 커져가는 경제로부터

그들 자신의 주식을 다시 사들이고 있다 빠른 속도로

그들은 충분한 이유가 있다

환매는 곧 회사가 주주들에게 현금을 돌려줄 수 있고

주식 영업실적의 주요한 조치를 취할 수 있고

동시에 자신들의 주식가격을 끌어올릴 수 있기 때문이다

환매가 급증하는 것은 증시 운영의 근본적 변화가 생겼음을 반영하며

바로 미국 기업체라는 생각을 더욱 굳혀준다

미국 주식 수요의 최대 구매자로

Lacking of business analysis

He should have been less patriotic about Kraft, the processed food group that makes staples such as Kraft Macaroni & Cheese and Velveeta, a bright yellow "processed cheese product." The merger that he engineered between Heinz and Kraft in 2015 has turned out very badly: Heinz paid too much for an indigestible bunch of ageing brands in the wrong country. The $15.4bn impairment of Kraft Heinz assets that contributed to a plunge in its share price on Friday can be put down to various causes — cost-cutting by 3G, the private quity group that manages it, discounting by supermarkets and changing tastes among millennials. But there is a simpler explanation: 98 percent of Kraft's sales before the merger were in North America.

_출처 FT

Translation

사업 분석 부족

그는 크래프트 마카로니&치즈와 밝은 노란색의 가공 치즈식품인 벨비타 같은 기본 식품을 만드는 가공식품 회사인 크래프트에 대하여 지나친 애착을 갖지 말았어야 했다. 그가 기획한 2015년 하인즈와 크래프트 인수는 결과가 좋지 못했다. 하인즈가 (입맛 면에서) 적합하지 않은 이 미국에서 소화불량에 걸린 오래된 브랜드에 대해서 너무 많은 돈을 지불했던 것이다. 합병된 크래프트 하인즈의 자산가치가 154억 달러나 줄어들고 금요일 주식이 폭락되는 이런 상황은 이유를 다양하게 해석해 볼 수 있다. 이 회사를 관리하는 개인 주식회사 3G의 제조원가 절감, 슈퍼마켓 할인행사, 2000년 세대 입맛의 변화가 원인으로 추정된다. 그러나 이보다 더 간단한 손실에 대한 설명은 합병 전 크래프트의 총판매액 98%가 미국 내에서 팔렸다는 사실이다.

Insight 이지경제해설

가공식품 회사에 지나친 애착
하인즈와 크래프트 인수실패 원인분석
제조원가 절감 및 할인행사
밀레니엄 세대 입맛 변화
합병 전 판매액이 거의 국내 소비

투자가 버핏은 그의 기업인수 접근방법은 주로 싼 회사에 집중했다. 그 회사를 포장하여 좋은 회사로 만드는 것이 그의 경영철학이었다. 그런 철학으로 세계 10대 이내 드는 재벌 명성을 얻었고 주식투자 천재명성도 얻었다. 가끔 그의 철학이 현실에 맞지 않는 사례가 종종 나타나고 있다. 치즈회사를 인수할 때 철저한 분석이 부족하여 과비용 지출로 한 번에 162억달러(12조6천억원) 손해를 입었다. 모든 상품을 사고 팔 때 그 상품을 원하는 계층의 성격과 제품충성도를 우선 조사해야 한다. 게다가 미국의 취향도 자주 바뀌고 있다.

Terms cipher 용어설명

patriotic 애국적인, 충성도가 있는
processed food 가공식품
staples 기본 식품, 주요 식품
turned out 결과가 되다
indigestible 소화가 안 되는
bunch of ageing brands 노후 집단 브랜드
impairment 손실 가치, 질적 불량
contributed to a plunge 폭락의 원인이다
put something down to 어떤 것이 to로 귀결된다

Bilingual reading : 영한 읽기

Lacking of business analysis 사업 분석 부족

He should have been less patriotic about Kraft, 그는 크래프트에 대하여 애착을 덜 가졌어야 했다 the processed food group that makes staples 기본식품을 만드는 가공식품 회사인 such as Kraft Macaroni & Cheese and Velveeta, 크래프트 마카로니 & 치즈와 벨비타 즉 a bright yellow "processed cheese product." 밝은 노란색의 가공치즈 식품과 같은

The merger that he engineered between Heinz and Kraft in 2015 그가 기획한 2015년 하인즈와 크래프트 인수는 has turned out very badly: 결과가 좋지 못했다 Heinz paid too much 하인즈가 너무 많은 돈을 지불했던 것이다 for an indigestible bunch of ageing brands 소화불량에 걸린 오래된 브랜드에 대해서 in the wrong country. (입맛 면에서) 적합하지 않은 이 미국에서

The $15.4bn impairment of Kraft Heinz assets 합병된 크래프트 하인즈의 자산가치가 154억 달러의 폭락은 that contributed to a plunge in its share price on Friday 금요일 주식이 계속해서 폭락되는 상황이 되며 can be put down to various causes 다양한 이유로 해석해 볼 수 있다 — cost-cutting by 3G, the private quity group that manages it, 이 회사를 관리하는 개인 주식회사 3G에 의한 제조원가 절감 discounting by supermarkets 대형 슈퍼마켓의 할인행사 and changing tastes among millennials. 2000년 세대 사이에 입맛의 변화가 원인으로 추정된다

But there is a simpler explanation: 그러나 이보다 더 간단한 손실에 대한 설명이 있다 98 percent of Kraft's sales before the merger 합병 전 크래프트의 총판매액 98%가 were in North America. 미국 내에서 팔렸다는 것이다

Words for writing : 영작 구문

사업 분석 부족

그는 크래프트에 대하여 애착을 덜 가졌어야 했다

기본식품을 만드는 가공식품 회사인

크래프트 마카로니 & 치즈와 벨비타 즉

밝은 노란색의 가공치즈 식품과 같은

그가 기획한 2015년 하인즈와 크래프트 인수는

결과가 좋지 못했다

하인즈가 너무 많은 돈을 지불했던 것이다

소화불량에 걸린 오래된 브랜드에 대해서

(입맛 면에서) 적합하지 않은 이 미국에서

합병된 크래프트 하인즈의 자산가치가 154억 달러의 폭락은

금요일 주식이 계속해서 폭락되는 상황이 되며

다양한 이유로 해석해 볼 수 있다

이 회사를 관리하는 개인 주식회사 3G에 의한 제조원가 절감

대형 슈퍼마켓의 할인행사와 2000년 세대 사이에 입맛의 변화가 원인으로 추정된다

그러나 이보다 더 간단한 손실에 대한 설명이 있다

합병 전 크래프트의 총판매액 98%가

미국 내에서 팔렸다는 것이다

European economic biting slowdown

Trying to curtail sniping from the sidelines by policy hawks, such as Bundes-bank president Jens Weidmann and the head of the Dutch central bank, Klaas Knot, has been as much a feature of Mr Draghi's eight years in charge as his pledge to do "whatever it takes" to prevent the currency union from collapse.
But with just over eight months to go before Mr Draghi steps down, there are signs that the hawks are becoming quieter — a sign of the way the slowdown is biting even the strongest economies.

_출처 FT

Translation

유럽의 참혹한 경제 둔화

독일연방 중앙은행 총재 바이드만과 네덜란드 중앙은행 총재 클라스 노트와 같은 EU정책 강경파들로부터 집중적인 공격을 중단시키는 노력은 EU통화 연합이 붕괴되지 않도록 하기 위해서 필요한 어떤 조치도 다 할 것이라는 공약을 가지고 노력해온 드라기의 8년간의 업적만큼 중요했다.
그러나 드라기가 사임 전 불과 8개월을 앞두고 있기 때문에 지금은 강경파 목소리가 점차 조용해지고 있는데 즉, 이 조짐은 경기침체가 가장 심했던 이 경제권에 많은 피해를 주고 있는 것이다.

Insight 이지경제해설

EU 중앙은행 3대 총재 드라기의 8년 업적
EU통화 붕괴를 막기 위한 공격저지 노력
사임 앞둔 시점에 강경파 침묵
EU 경기침체 위기의 조짐

EU 내에서 그 동안 독일연방은행이나 네덜란드 중앙은행은 통화정책에 대해 강경한 태도를 취하고 EU 대통령에 대해 많은 공격을 퍼부어 왔으나, 경기가 침체되면서 불만의 목소리가 점차 사라지고 있다. 지난 날의 좋았던 EU 경기도 침체로 말미암아 많은 위기를 겪고 있다 .

Terms cipher 용어설명

curtail 막는다, 저지하다
sniping 비난
Bundes-bank president 독일 중앙은행장
feature 주요기사, 주요 업적
whatever it takes 필요한 것은 어떤 것이라도
currency union 통화연합, 유로달러
to go before 하기 전 남아 있는
biting 피해를 주다, 위기를 가져오다, 깨물다

Bilingual reading : 영한 읽기

European economic biting slowdown 유럽의 참혹한 경제 둔화

Trying to curtail sniping from the sidelines by policy hawks, EU정책 강경파들로부터 집중적인 공격을 중단시키는 노력은

such as Bundes-bank president Jens Weidmann 독일연방 중앙은행 총재 바이드만과

and the head of the Dutch central bank, Klaas Knot, 네덜란드 중앙은행 총재 클라스 노트와 같은

has been as much a feature of Mr Draghi's eight years in charge 드라기의 8년간의 업적만큼 중요했다

as his pledge to do "whatever it takes" to prevent the currency union from collapse. EU통화 연합이 붕괴되지 않도록 하기 위해서 필요한 어떤 조치도 다 할 것 공약을 가지고 노력해온

But with just over eight months to go before Mr Draghi steps down, 그러나 드라기가 사임하기 전 불과 8개월을 두고 있기 때문에

there are signs that the hawks are becoming quieter 지금은 강경파 목소리가 점차 조용해지고 있는 조짐도 있는데

— a sign of the way the slowdown is biting even the strongest economies. 즉, 이것은 경기침체가 가장 심했던 이 경제권에 많은 피해를 주고 있다는 조짐이다.

Words for writing : 영작 구문

유럽의 참혹한 경제 둔화

EU정책 강경파들로부터 집중적인 공격을 중단시키는 노력은

독일연방 중앙은행 총재 바이드만과

네덜란드 중앙은행 총재 클라스 노트와 같은

드라기의 8년간의 업적만큼 중요했다

EU통화 연합이 붕괴되지 않도록 하기 위해서 필요한 어떤 조치도 다 할 것 공약을 가지고 노력해온

그러나 드라기가 사임하기 전 불과 8개월을 두고 있기 때문에

지금은 강경파 목소리가 점차 조용해지고 있는 조짐도 있는데

즉, 이것은 경기침체가 가장 심했던 이 경제권에 많은 피해를 주고 있다는 조짐이다.

Diverging choice

And for both leaders, it is a moment of critical choices. Mr. Kim needs to make good on promises to nurture the North Korean economy and maintain the military might to ensure his country's survival, while Mr. Trump faces the biggest opportunity of his presidency yet for a diplomatic breakthrough — and the stark risks of underdelivering on a signature issue after threatening "fire and fury" in 2017.
Mr. Trump has an even higher hurdle to clear: his dismissal of the 2015 nuclear are agreement with Iran, a "terrible" and naïve deal, in his telling, that was guaranteed to eventually pave the way for the country to obtain a nuclear weapon.

_출처 NYT

Translation

서로 다른 선택

두 사람의 지도자한테 이 순간은 선택을 해야 할 아주 중요한 순간이다. 김은 북한 경제를 육성하겠다는 약속과 북한 생존을 보장할 수 있도록 북한 군대의 억제력을 계속 유지시키겠다는 약속을 지켜야 할 필요가 있다. 한편 트럼프는 외교적 업적을 위하여 지금까지 있었던 것보다 대통령으로서 가장 큰 기회를 맞고 있다. 즉, 2017 "화염과 분노"로 위협당한 후 그의 가장 중요한 이슈를 아직 이행하지 않는 상당히 냉혹한 위기에 처해 있다.
하지만 트럼프는 어떤 때보다 제거해야 할 장애가 높다. 즉, 2015년 오바마 정부시절 이란과의 핵협정을 잘못된 순진한 거래였다고 취소한 그의 철회는 결국 이란이 핵무기를 보유할 수 있는 길을 보장해주는 결과가 되었다.

Insight 이지경제해설

지도자들에게 중요한 선택의 순간
북한은 경제력과 핵무기 약속이행
미국은 대통령의 외교적 성과
트럼프가 자처한 이란 핵무기 보장의 장애는 훨씬 크다

북한 지도자와 미국 대통령은 각기 거래에 대한 목적이 서로 달랐다. 김은 북한 주민들에게 좋은 경제를 가져다 주고 그 나라가 살기 위해 군대를 유지해야 하는 약속을 했고, 트럼프는 대통령으로서 외교적 업적이 없었기 때문에 북한 문제로 업적을 만들려고 했다. 그러나 미국 입장에서는 오바마 시절의 이란과의 핵협정을 폐기함으로써, 김이 품을 수 있는 미국에 대한 불신을 해소시켜야만이 김을 설득시킬 수 있는데 이것은 상당히 어려운 점이라 할 수 있다. 즉, 북은 경제력과 핵무기, 미국은 대통령의 외교적 성과라는 의제를 갖고 있었다.

Terms cipher 용어설명

critical choices 주요한 선택
make good 실현시키다
nurture 영양분을 보급하다, 키우다, 강화시키다
military might 군대의 힘
diplomatic breakthrough 외교적 업적
stark risks 무시무시한 위기
signature issue 주요 이슈
higher hurdle to clear 제거해야 할 더 높은 장애물
pave the way for 하기 위한 길을 놓다, 사전 준비를 하다

Bilingual reading : 영한 읽기

Diverging choice 서로 다른 선택

And for both leaders, 두 사람의 지도자한테

it is a moment of critical choices. 이 순간은 선택을 해야 할 아주 중요한 순간이다

Mr. Kim needs to make good 김은 지켜야 할 필요가 있다

on promises to nurture the North Korean economy 북한 경제를 육성하겠다는 약속과

and maintain the military might to ensure his country's survival, 북한 생존을 보장할 수 있도록 북한 군대의 억제력을 계속 유지시키겠다는 약속을

while Mr. Trump faces 한편 트럼프는 맞고 있다

the biggest opportunity of his presidency yet for a diplomatic breakthrough 외교적 업적을 위하여 지금까지 있었던 것보다 대통령으로서 가장 큰 기회를

— and the stark risks of underdelivering on a signature issue 즉, 그의 가장 중요한 이슈를 아직 이행하지 않는 상당히 냉혹한 위기에 처해 있다

after threatening "fire and fury" in 2017. 2017 "화염과 분노"로 위협당한 후

Mr. Trump has an even higher hurdle to clear: 하지만 트럼프는 어떤 때보다 제거해야 할 장애가 높다 his dismissal 그의 철회는

of the 2015 nuclear are agreement with Iran, 2015년 오바마 정부시절 이란과의 핵협정을

a "terrible" and naïve deal, in his telling, 잘못된 순진한 거래였다고 말한

that was guaranteed to eventually 결국 보장해주는 결과가 되었다

pave the way for the country to obtain a nuclear weapon. 이란이 핵무기를 보유할 수 있는 길을

Words for writing : 영작 구문

서로 다른 선택

두 사람의 지도자한테

이 순간은 선택을 해야 할 아주 중요한 순간이다

김은 지켜야 할 필요가 있다

북한 경제를 육성하겠다는 약속과

북한 생존을 보장할 수 있도록 북한 군대의 억제력을 계속 유지시키겠다는 약속을

한편 트럼프는 맞고 있다

외교적 업적을 위하여 지금까지 있었던 것보다 대통령으로서 가장 큰 기회를

즉, 그의 가장 중요한 이슈를 아직 이행하지 않는 상당히 냉혹한 위기에 처해 있다

2017 "화염과 분노"로 위협당한 후

하지만 트럼프는 어떤 때보다 제거해야 할 장애가 높다

그의 철회는

2015년 오바마 정부시절 이란과의 핵협정을

잘못된 순진한 거래였다고 말한

결국 보장해주는 결과가 되었다

이란이 핵무기를 보유할 수 있는 길을

Buffett's rare admission of his failure

Warren Buffett has for the first time said that Berkshire Hathaway overpaid for Kraft's merger with Heinz, in a rare admission of failure by the investor with the Midas touch.
The acknowledgment came days after his investment group took a multibillion-dollar writedown on its stake in the struggling US consumer goods group.

_출처 FT

Translation

버핏 스스로 실수 시인

워런 버핏이 처음으로 자신의 회사 버크셔 헤더웨이가 하인즈와 동시에 크래프트 회사를 합병하는데 너무 돈을 많이 지급했다고 밝혔다. 이는 황금손을 가진 이 투자가가 처음으로 실패했음을 시인하는 이야기다. 그의 투자그룹이 상당히 어려움에 고전하는 미국 소비자상품 그룹에 자기의 지분이 수십억 달러 손실을 입은 이후 며칠 만에 이런 시인을 했다.

Insight 이지경제해설

버핏의 최초 실수 인정
버크셔 헤더웨이의 과지급
황금손의 실패
그의 투자 그룹이 미국 소비자 상품에서 고전

미국의 투자가 버핏이 처음으로 투자에 실패했다고 시인했다. 이로 인해 버핏은 그동안의 투자 방식을 근본적으로 뜯어고치겠다고 말했다.

Terms cipher 용어설명

Berkshire Hathaway 버크셔 헤더웨이, 워런 버핏의 회사
rare admission 드문 시인
Midas touch 황금 손
acknowledgment 시인
writedown 주식 등 여러 곳에 투자한 가격손실
Kraft's merger with Heinz 하인즈와 더불어 크래프트를 합병

Bilingual reading : 영한 읽기

Buffett's rare admission of his failure 버핏 스스로 실수 시인

Warren Buffett has for the first time said 워런 버핏이 처음으로 밝혔다

that Berkshire Hathaway overpaid for Kraft's merger with Heinz, 자신의 회사 버크셔 헤더웨이가 하인즈와 동시에 크래프트 회사를 합병하기 위해 너무 많은 돈을 지급했다고

in a rare admission of failure by the investor with the Midas touch. 황금손을 가진 이 투자가가 처음으로 실패했음을 시인하는 이야기에서

The acknowledgment came days 며칠 만에 나온 시인이다

after his investment group took a multibillion-dollar writedown 그의 투자 그룹이 자기의 지분이 수십억 달러의 손실을 입은 이후

on its stake in the struggling US consumer goods group. 상당히 어려움에 고전하는 미국 소비자상품 그룹에

Words for writing : 영작 구문

버핏 스스로 실수 시인 ______

워런 버핏이 처음으로 밝혔다 ______

자신의 회사 버크셔 헤더웨이가 너무 많은 돈을 지급했다고 ______

하인즈와 동시에 크래프트 회사를 합병하기 위해 ______

황금손을 가진 이 투자가가 처음으로 실패했음을 시인하는 이야기에서

______

며칠 만에 나온 시인이다 ______

그의 투자 그룹이 자기의 지분이 수십억 달러의 손실을 입은 이후

______

상당히 어려움에 고전하는 미국 소비자상품 그룹에

______

Businessman of his own name value

It has not helped matters that the intimate details of r. Bezos's personal life emerged around the same time that the company canceled its plans to build a new headquarters in New York, after fighting with lawmakers and activists. People who have worked closely with r. Bezos have watched dumb-founded that a man famous for being a vault of discretion could end up, as one of them put it, in the middle of such a "clown show."

_출처 NYT

Translation

기업인은 명성의 가치를 유지해야 한다

아마존 회사가 뉴욕에 새로운 본사 건물을 짓기로 한 계획을 취소한 거의 같은 시기 즈음에, 아마존 베조스 개인 생활의 자세한 이야기들이 세상에 알려진 것은 이 사태에 전혀 도움을 주지 못했다. 취소 전에 미국 양원 의원들과 행동주의자들 간에 많은 실랑이가 있었다. 베조스 사장과 측근에서 일해온 사람은 신중함 자체인 그 사람이 그런 "광대극"의 주인공으로 끝났다는 것을 보고 멍한 채로 상황을 지켜볼 뿐이었다고 말했다.

Insight 이지경제해설

드러난 베조스의 사생활
아마존 본사이전 계획 취소
의원들과 환경운동가들의 싸움
신중함 자체인 그가 광대극 중심
베조스 측근은 망연자실하며 관망

아마존 CEO 베조스가 본부 건물을 뉴욕에 지어서 일자리를 창출하고 뉴욕 경제의 어려움을 해소하겠다는 야심 찬 청사 이전 계획을 발표한지 며칠 만에 취소했다. 뉴욕의 많은 사람들은 신중하기로 이름난 베조스가 왜 그런 경솔한 선택을 했는지 앞으로 그의 발언에 대한 의심을 표현했다. 이런 이면에 많은 상하원 의원, 자연환경보호주의자, 정치 사회적 반대 여론이 심했다는 이야기가 있다. 하지만 실패한 이 사건으로 말미암아 앞으로 나올 그의 발언의 신뢰도 역시 상처를 주었다.

Terms cipher 용어설명

vault of discretion 사려의 저장고, 사려 깊은, 신중한
famous for being a vault of discretion 신중의 금고로 유명한
intimate details 상세한 이야기, 자세한 이야기
end up 끝나버리다
end up in the middle of such a clown show 대단한 광대 쇼로 끝나다
as one of them put it 그들 중 한 사람은 이렇게 말했다

Bilingual reading : 영한 읽기

Businessman of own name value 기업인은 그에 맞는 명성의 가치를 유지해야 한다

It has not helped matters 사태에 전혀 도움을 주지 못했다

that the intimate details of r. Bezos's personal life emerged 아마존 베조스 개인 생활의 자세한 이야기들이 세상에 알려진 것은

around the same time 같은 시기 즈음에

that the company canceled its plans to build a new headquarters in New York, 아마존 회사가 뉴욕에 새로운 본사 건물을 짓기로 한 계획을 취소한

after fighting with lawmakers and activists. 이 취소 전에 미국 양원 의원들과 행동주의자들과 많은 싸움이 있었다.

People who have worked closely with r. Bezos have watched 베조스 사장과 측근에서 일해온 사람은 지켜볼 뿐이었다고 말했다

dumb-founded 멍한 채로 상황을

that a man famous for being a vault of discretion 신중함 자체인 그 사람이

could end up, as one of them put it, in the middle of such a "clown show." 그런 "광대극"의 주인공으로 끝났다는 것을 보고

Words for writing : 영작 구문

기업인은 그에 맞는 명성의 가치를 유지해야 한다 ___

이것은 사태에 전혀 도움을 주지 못했다 ___

아마존 베조스 개인 생활의 자세한 이야기들이 세상에 알려진 것은

___

같은 시기 즈음에 ___

아마존 회사가 뉴욕에 새로운 본사 건물을 짓기로 한 계획을 취소한

___

이 취소 전에 미국 양원 의원들과 행동주의자들과 많은 싸움이 있었다.

___

베조스 사장과 측근에서 일해온 사람은 지켜볼 뿐이었다고 말했다

___

멍한 채로 상황을 ___

신중함 자체인 그 사람이 ___

그런 "광대극"의 주인공으로 끝났다는 것을 보고

___

Media involved in distribution shows and films

The tumult at Warner media is a result of the widespread notion that a boutique premium cable channel may not represent the future in an industry upended by the deep-pocketed digital companies Netflix, Amazon, Hulu and Apple, which have forced Hollywood to sell shows and films directly to consumers.

_출처 NYT

Translation

미디어 회사도 허리우드 영화와 쇼를 판매한다

타임 워너 미디어의 혼란은 한 부띠끄 회사의 주요 채널이 넥플릭스, 아마존, 후루, 애플 같은 자본이 풍부한 디지털 회사에 의해 영향을 많이 받는 기업이 미래를 대표하지 못할 수도 있다는 전반적으로 널리 퍼진 생각의 결과다. 이와 같은 돈이 많은 디지털회사는 허리우드 제작 쇼와 영화를 소비자에게 직접 팔게 만든 언론사다.

Insight 이지경제해설

미디어 회사도 영화와 쇼를 판매
타임 워너 미디어가 미래를 대표하지 못한다는 불안
주요채널도 자본이 풍부한 회사의 영향을 받는다
넥플릭스, 아마존, 후루, 애플 등도 허리우드 상품을 판다

지금까지 허리우드 제작 쇼나 영화는 영화 에이전트를 통해서 보급되고 수출이 되었다. 자금이 풍부한 넥플릭스, 아마존, 후루, 애플 같은 대형언론사는 허리우드에 압력을 넣어서 직접 고객에게 판매하도록 제도를 바꾸어 버렸다.

Terms cipher 용어설명

be involved 관련되다
distribution shows 배급 제작물
tumult 혼란
Warner media 타임워너에서 이름을 변경한 미국의 대중 매체산업 회사
widespread notion 널리 퍼진 생각
boutique 에이전트 사무실 일종
premium cable channel 기업 유선방송
upend 영향을 주다, 뒤엎어 버리다
deep-pocketed 자본이 풍부한

Bilingual reading : 영한 읽기

Media involved in distribution shows and films 미디어 회사도 허리우드 제작 영화와 쇼를 직접 판매한다

The tumult at Warner media 타임 워너 미디어의 혼란은

is a result of the widespread notion 전반적인 생각의 결과다

that a boutique premium cable channel may not represent the future 회사의 주요 채널의 한 부띠끄 부서가 미래를 대표하지 못할 수도 있다는

in an industry upended 영향을 많이 받는 기업에서는

by the deep-pocketed digital companies Netflix, Amazon, Hulu and Apple, 넥플릭스, 아마존, 후루, 애플과 같은 자본이 풍부한 디지털 회사에 의해

which have forced Hollywood to sell shows and films directly to consumers. 이런 돈이 많은 디지털회사는 허리우드 제작 쇼와 영화를 소비자에게 직접 팔게 한

Words for writing : 영작 구문

미디어 회사도 허리우드 제작 영화와 쇼를 직접 판매한다

타임 워너 미디어의 혼란은

전반적인 생각의 결과다

회사의 주요 채널의 한 유선방송 부서가 미래를 대표하지 못할 수도 있다는

영향을 많이 받는 기업에서는

넥플릭스, 아마존, 후루, 애플과 같은 자본이 풍부한 디지털 회사에 의해

이런 돈이 많은 디지털회사는 허리우드 제작 쇼와 영화를 소비자에게 직접 팔게 한

Fluctuating index

The S&P 500 index extended its three-month highs with a 0.7 per cent gain by mid-morning after Donald Trump said there had been "substantial progress" in Washington's talks on trade with Beijing.
The US president suggested a summit with Chinese president Xi Jinping could be held at his Mar-a-Lago resort in Florida to "conclude an agreement" if more progress was made.

_출처NYT

Translation

등락 지수

도널드 트럼프가 북경과의 워싱턴 무역협상에서 주목할 만한 발전이 있었다고 말하자, 오전 중 S&P 500 지수가 0.7% 상승하여 3개월만에 최고치에 달했다.
미국 대통령이 중국 주석과의 정상회담의 경우, 만약 워싱턴 회담에 더 발전이 있으면 협정을 마무리하기 위해 자신의 플로리다 별장 마-라-라고에서 개최될 수 있다고 시사했다.

Insight 이지경제해설

S&P 500 지수가 상승
3개월만에 최고치
대통령의 회담진전 언급
협정 마무리 필요한 경우
자신의 별장에서 정상회담 가능성

미 대통령의 말 한마디에 뉴욕증시 지수가 올라가고 내려가는 것이 현재 상황이다. 중국과의 무역협정에 많은 진전이 있었다. 말 한마디에 S&P 500 지수가 일제히 0.7%가 뛰었다. 뉴욕 증시에 투자한 사람으로서는 내일의 증시 상황의 감을 잡을 수 없다. 2월달만 해도 폭등하던 주식이 지금은 내리막으로 접어들었다. 철강 관련주만 오르고 제조업은 폭락했다.

Terms cipher 용어설명

fluctuate 변동하다, 등락하다, 요동하다
extend 확대하다, 늘리다, 미치다
three-month highs 3개월만의 최고치
mid-morning 오전 중
substantial progress 주목할 만한 진전, 실질적인 진전, 눈에 띌 정도의 진전
Mar-a-Lago resort 트럼프 개인 소유 휴양지
conclude an agreement 협정을 체결하다, 마무리하다
S&P 500 index: Standard & Poor's 500 Index 미국 500 대기업 주식지수

Bilingual reading : 영한 읽기

Fluctuating index 등락 지수

The S&P 500 index extended its three-month highs S&P 500 지수가 3개월만에 최고치에 달했다

with a 0.7 per cent gain by mid-morning 오전 중 0.7% 상승하여

after Donald Trump said 도널드 트럼프가 말한 후

there had been "substantial progress" in Washington's talks on trade with Beijing. 북경과의 워싱턴 무역 협상에서 주목할 만한 발전이 있었다고

The US president suggested 미국 대통령이 시사했다

a summit with Chinese president Xi Jinping could be held at his Mar-a-Lago resort in Florida 중국 주석과의 정상회담은 자신의 플로리다 별장 마라-라고에서 개최될 수 있다고

to "conclude an agreement" 협정을 마무리하기 위하여

if more progress was made. 만약에 워싱턴 회담이 더 발전이 있으면

Words for writing : 영작 구문

등락 지수 ____________________

S&P 500 지수가 3개월만에 최고치에 달했다 ____________________

오전 중 0.7% 상승하여 ____________________

도널드 트럼프가 말한 후 ____________________

북경과의 워싱턴 무역 협상에서 주목할 만한 발전이 있었다고

____

미국 대통령이 시사했다 ____________________

중국 주석과의 정상회담은 ____________________

자신의 플로리다 별장 마-라-라고에서 개최될 수 있다고

____

협정을 마무리하기 위하여 ____________________

만약에 워싱턴 회담이 더 발전이 있으면 ____________________

Loss through unforced error

Dow Chemical merged with DuPont in 2017; the company is still a defense contractor, but it produces mainly agricultural and industrial chemicals.
All told, the $5 million napalm contract most likely cost Dow Chemical billions of dollars. And it was the kind of unforced error that could have been avoided if company executives had listened to early signs of opposition, done some risk analysis and changed course.

_출처 NYT

Translation

자발적 실수에 의한 기업 손실

다우 케미컬은 2017년에 듀퐁 화학비료회사와 합병했고, 지금도 여전히 미국 국방부와 무기 제조를 계약하고 있는 방위업체이기도 하지만, 그 회사는 주로 농업산업 화공약품을 제조한다.
소식통에 의하면 500만 달러의 내이펌 소이제 계약을 미국방부와 체결한 것이, 다우에게는 수십억 달러의 손실을 가져왔을 가능성이 있다. 만약에 회사 이사진들이 계약 초기에 반대 징후에 귀를 기울이고 위기 분석을 하고 방향 변경을 했더라면 얼마든지 피할 수 있었던 일종의 자발적 실수였다.

Insight 이지경제해설

듀퐁과 합병한 다우케미컬은 농화학품 제조회사
현재 국방부 무기제조 방위업체 겸업
5백만 달러 계약에서 수십억 달러 손실 가능성
계약 초 반대징후 간과 위기분석 불이행
피할 수 있었던 자발적 실수 초래

미국의 화학 재료 생산업체 다우 케미컬이 미 국방부와 방위산업 계약을 체결한 사례다. 화염방사기에서 뿜어나오는 소이제 탄을 제조하여 국방부에 납품할 때 액수는 500만불이었다. 회사내 충분한 사전 위기분석과 비용분석을 소홀히 한 경영자의 무책임으로 수십억 달러의 손실을 발생시킨 사례다.

Terms cipher 용어설명

Dow Chemical 미국 미시건 주에 본사를 둔 화학 재료 생산업체
defense contractor 국가 방위 계약관, 무기 계약관
napalm 소이제 탄, 네이팜탄, 적을 태우거나 없애는 약제
unforced error 강요되지 않은 실수, 자발적 실수
early signs of opposition 회사에서 조기 반대 조짐
risk analysis 위기 분석
changed course 방향 변경

Bilingual reading : 영한 읽기

Loss through unforced error 자발적 실수에 의한 기업 손실

Dow Chemical merged with DuPont in 2017; 다우 케미컬은 2017년에 듀퐁 화학비료회사와 합병했고

the company is still a defense contractor, 여전히 그 회사는 미 국방부와 무기제조를 계약하고 있는 방위산업체이기도 하지만

but it produces mainly agricultural and industrial chemicals. 그 회사는 주로 농업산업 화공약품을 제조한다

All told, 소식통에 의하면

the $5 million napalm contract 500만 달러의 내이펌 소이제 계약을 미국방부와 체결한 것이

most likely cost Dow Chemical billions of dollars. 다우에게 수십억 달러의 손실을 가져왔을 가능성이 있다

And it was the kind of unforced error 일종의 자발적 실수였다

that could have been avoided 얼마든지 피할 수 있었던

if company executives had listened to early signs of opposition, 만약에 회사 이사진들이 이 계약 초기에 반대 징후에 귀를 기울이고

done some risk analysis and changed course. 위기 분석을 하고 방향 변경을 했더라면

Words for writing : 영작 구문

자발적 실수에 의한 기업 손실

다우 케미컬은 2017년에 뒤퐁 화학비료회사와 합병했고

그 회사는 미 국방부와 무기제조를 계약하고 있는 방위산업체이기도 하다

하지만 그 회사는 주로 농업산업 화공약품을 제조한다

모두 말하여지는 소식통에 의하면

500만 달러의 내이펌 소이제 계약을 미국방부와 체결한 것이

다우에게 수십억 달러의 손실을 가져왔을 가능성이 있다

그것은 일종의 자발적 실수였다

얼마든지 피할 수 있었던

만약 회사 이사진들이 이 계약 초기에 반대 징후에 귀를 기울이고

위기 분석을 하고 방향 변경을 했더라면

Project JEDI

As business deals, some of these contracts seem like no-brainers. Microsoft's HoloLens deal is worth about $5oo million — less than 1 percent of the company's 2018 revenue, but a meaningful sum, nonetheless. Amazon, IBM, Microsoft and Oracle are all battling over a Defense Department cloud-computing contract, known as Project JEDI, that will be worth as much as $10 billion to the winning bidder. But these contracts may be less lucrative than they appear. And, in fact, they could come with enormous hidden costs in the form of damaged reputations, recruiting problems and customer boycotts that could swamp short-term gains.

_출처 NYT

Translation

제디 프로젝트

비즈니스 거래로서 일부 이런 종류의 계약은 별로 어렵지 않은 일 같이 보인다. 마이크로소프트의 홀로렌스 거래는 2018년 이 회사의 수익의 1%도 안 되는 5억달러 금액이지만 의미 있는 액수다. 아마존, IBM, 마이크로소프트, 오라클도, 입찰권을 얻는 자에게 100억 달러의 가치를 가져다 줄 JEDI 프로젝트로 알려진 국방부 클라우드-컴퓨팅 계약을 둘러싸고 모두 경쟁 중이다. 그러나 이 계약은 그들이 실제로 보이는 것보다 이익이 많지 않을 것이다. 사실 그들은 손해를 보는 명예계약을 수행하기 위해, 유능한 인원을 고용하는 문제와 단기수익을 침체시켜 버릴 수 있는 고객의 불매운동 형태로 말미암아 드러나지 않는 엄청난 비용이 발생할 수 있다.

Insight 이지경제해설

마이크로소프트의 홀로렌스는 의미 있는 거래
입찰권을 얻으면 백억 가치
국방부의 제디 프로젝트란 국방부 글라우드-컴퓨팅 계약
아마존, IBM, 마이크로소프트, 오라클 등 경쟁
엄청난 손해를 보는 명예계약

미국 전자 산업체도 국방부와 계약하는 방위무기 공급 서비스로 뛰어든다. 본래 비즈니스 분야로부터 폭을 넓히고 확대하면서 금융산업에도 뛰어든다. 그들이 시장 다변화를 시도하면서 눈에 보이지 않는 손실마저 감수한다.

Terms cipher 용어설명

no-brainers 생각할 필요가 없는, 쉬운, 간단한 일
meaningful sum 의미 있는 액수
Project JEDI 미국 국방부 클라우드-컴퓨팅 계약
winning bidder 입찰권을 얻는 자
less lucrative 이익이 많지 않은
hidden costs 알려지지 않은 비용, 드러나지 않는 비용, 숨겨진 비용
damaged reputations 손해를 보면서 명성을 얻는 계약
customer boycotts 고객의 불매운동

Bilingual reading : 영한 읽기

Project JEDI 제디 프로젝트

As business deals, 비즈니스 거래로서

some of these contracts seem like no-brainers. 이런 일부 계약은 별로 어렵지 않은 것 같이 보인다

Microsoft's HoloLens deal is worth about $5oo million 마이크로소프트의 홀로렌스 거래는 5억달러로

— less than 1 percent of the company's 2018 revenue, 즉, 2018년 이 회사수익의 1%도 안 되는 금액이지만

but a meaningful sum, nonetheless. 그런데도 의미 있는 액수다

Amazon, IBM, Microsoft and Oracle 아마존, IBM, 마이크로소프트, 오라클도

are all battling over a Defense Department cloud-computing contract, 국방부 클라우드-컴퓨팅 계약을 둘러싸고 모두 경쟁 중이다

known as Project JEDI, 제디 프로젝트로 알려진

that will be worth as much as $10 billion to the winning bidder. 입찰권을 얻는 자에게 100억 달러의 가치를 가져다 줄

But these contracts 그러나 이 계약은

may be less lucrative 이익이 많지 않을 수 있다

than they appear. 그들이 실제로 보이는 것보다

And, in fact, they could come with enormous hidden costs 사실 그들은 드러나지 않는 엄청난 비용이 생길 수 있다

in the form of damaged reputations, recruiting problems 손해를 보는 명예계약을 수행하기 위해 유능한 인원을 고용하는 문제와

and customer boycotts that could swamp short-term gains. 단기수익을 침체시켜버릴 수 있는 고객의 불매운동 형태로

Words for writing : 영작 구문

제디 프로젝트

비즈니스 거래로서 이런 일부 계약은 별로 어렵지 않은 것 같이 보인다

마이크로소프트의 홀로렌스 거래는 5억달러로

즉, 2018년 이 회사수익의 1%도 안 되는 금액이지만

그런데도 의미 있는 액수다

아마존, IBM, 마이크로소프트, 오라클도

국방부 클라우드-컴퓨팅 계약을 둘러싸고 모두 경쟁 중이다

제디 프로젝트로 알려진

입찰권을 얻는 자에게 100억 달러의 가치를 가져다 줄

그러나 이 계약은

이익이 많지 않을 수 있다

그들이 실제로 보이는 것보다

사실 그들은 드러나지 않는 엄청난 비용이 생길 수 있다

손해를 보는 명예계약을 수행하기 위해 유능한 인원을 고용하는 문제와

단기수익을 침체시켜버릴 수 있는 고객의 불매운동 형태로

Impact of US glooming economy on the market

The strong run of uninterrupted employment growth in the US nearly came to a halt in February, deepening the gloom that has begun to envelop the global economy.

_출처 FT

Translation

미국의 경제 불황이 시장에 미치는 충격

미국의 중단 없는 고용 시장이 계속해서 진행되다가 2월에 갑자기 거의 멈추었다. 이것이 세계 경제를 둘러싸기 시작한 어두움 속에 세계를 다시 깊이 빠뜨렸다.

Insight 이지경제해설

미국이 경제에 영향
미국 고용이 계속 진행된 후
고용 중단이 세계에 근심을 주다
이에 증시가 요동치며 세계에 파장

지난 2년간 미국 경제성장이 세계 경제를 이끌어 왔고 얼마 동안 미국 고용시장도 어느 정도 만족시켜왔으나, 그것도 오래 가지 못하고 2월 통계에 의하면 성장이 둔화되고 실업이 다시 늘기 시작하여 미국 노동시장을 긴장 시키고 있다. 이로 말미암아 뉴욕 증시가 다시 요동치기 시작했다. 전세계적 파장이 예상된다.

Terms cipher 용어설명

strong run 강한 고용 수치
uninterrupted 연속적인, 끊임없는
uninterrupted employment growth 중단 없는 고용 성장
halt 멈추다, 중단하다
came to a halt 갑자기 중단하다
gloom 불안, 공포, 걱정
deepening the gloom 불안이 깊어지다
envelop 둘러싸다, 덮다, 봉하다

Bilingual reading : 영한 읽기

Impact of US glooming economy on the market 미국의 경제 불황이 시장에 미치는 충격

The strong run of uninterrupted employment growth in the US 미국의 중단 없는 고용 시장이 계속해서 진행되다가

nearly came to a halt in February, 2월에 갑자기 거의 멈추었다

deepening the gloom 암울함의 골이 깊어지면서

that has begun to envelop the global economy. 세계 경제를 둘러싸기 시작하는

Words for writing : 영작 구문

미국의 경제 불황이 시장에 미치는 충격 ______________________

미국의 중단 없는 고용 시장이 계속해서 진행되다가

____

2월에 갑자기 거의 멈추었다 ______________________

암울함의 골이 깊어지면서 ______________________

세계 경제를 둘러싸기 시작하는 ______________________

Tied relations between markets and central banks

Markets and central banks remain locked in a tight embrace that, as New York Stock Exchange and the European Central Bank demonstrated this week, is proving very difficult to break.

_출처 FT

Translation

증권시장과 중앙은행의 긴밀한 관계

이번 주 뉴욕증시와 유럽 중앙은행이 보여주다시피, 서로 분리하기가 몹시 어려운 것으로 입증될 정도로 증권시장과 중앙은행은 단단하게 묶여 있는 상태다.

Insight 이지경제해설

주식시장과 중앙은행의 관계
긴밀하게 관련
뉴욕증시와 유럽 중앙은행에서 보여주듯
분리하기 어려움을 입증

증권시장과 중앙은행은 따로 가는 것이 아니라 같이 묶여서 움직인다. 중앙은행의 금융정책에 따라 증시가 움직이고, 경우에 따라서는 중앙은행장의 말 한마디에 증시가 요동을 치기도 한다.

Terms cipher 용어설명

tied relations 묶여진 관계
remain locked 고정된 상태로 유지되다
in a tight embrace 강하게 얽혀있다
New York Stock Exchange 뉴욕 증권 거래소
the European Central Bank 유럽 중앙은행
demonstrated 나타난, 보여준
is proving 입증되다
difficult to break 깨어지기 어려운

Bilingual reading : 영한 읽기

Tied relations between markets and central banks 증권시장과 중앙은행의 긴밀한 관계

Markets and central banks remain locked in a tight embrace that, 증권시장과 중앙은행은 단단하게 묶여 있는 상태다

as New York Stock Exchange and the European Central Bank demonstrated this week, 이번 주 뉴욕증시와 유럽 중앙은행이 보여준 것처럼

is proving very difficult to break. 서로 분리하기가 몹시 어려운 것으로 입증될 정도로

Words for writing : 영작 구문

증권시장과 중앙은행 사이의 긴밀한 관계 ______________________

증권시장과 중앙은행은 단단하게 묶여 있는 상태다

____

이번 주 뉴욕증시와 유럽 중앙은행이 보여준 것처럼

____

서로 분리하기가 몹시 어려운 것으로 입증될 정도로 ______________________

China, the world's biggest gold producer, but

The People's Bank of China has bought about 32m tonnes of gold in the past three months — a rate that would see China surpass Russia and Kazakhstan, the leading buyers in 2018. China is the world's biggest gold producer but its gold reserves, at just under $80bn, make up a fraction of total foreign exchange reserves of over $3tn, meaning China is underweight in the yellow metal compared with peers. That 3 per cent share, for example, compares with 19 per cent for Russia.

_출처 FT

Translation

중국은 최대 금 생산국이지만

중국 인민은행은 지난 3개월 동안 3천2백만 톤의 금을 사들였다. 그 동안 2018년도 세계에서 제일 금을 많이 사들였던 러시아와 카자흐스탄 보다 훨씬 상회했다.
중국은 세계 최대 금 생산국이지만 금 매장량은 80조 달러에 미치지 못하고, 중국 해외외환보유고 3조달러 중 겨우 소수점 분야 정도에 해당되는 금을 가지고 있다는 것을 의미한다. 중국은 러시아나 카자흐스탄과 비교해도 금 보유량이 그 수준에 달하지 못한다. 예를 들면 전세계 금 매장량에 대해서 러시아가 19%를 차지하고 중국은 3%를 차지하고 있다.

Insight 이지경제해설

중국 인민은행이 금을 구매
러시아와 카자흐스탄보다 상회하는 분량
최대 금 생산국이지만 매장량이 미달
매장량 19%인 러시아에 비해 중국은 3%

중국은 세계에서 가장 큰 금 생산국인데도 해외에서 금 수입에 대한 노력을 해왔다. 현재 금을 가장 많이 소유하고 있는 나라 러시아와 카자흐스탄과 비교해서 중국의 외환보유고 저장량의 소수점 미만 정도의 약한 숫자의 금을 보유하는 것으로 나타났다. 이들 몇 개국과 비교할 때, 아직 금에 대해서는 극히 적은 양의 금을 보유하고 있으므로, 계속 보유량을 늘리려는 노력으로 앞으로 금값이 오를 것으로 전망한다.

Terms cipher 용어설명

The People's Bank of China 중국인민은행
the leading buyers 제일 바이어
a fraction of total 전체액수의 소수, 일부
foreign exchange reserves 외환보유고
underweight 표준 이하, 미달
the yellow metal 노란 금속, 금
compared with peers 동료와 비교하다

Bilingual reading : 영한 읽기

China, the world's biggest gold producer, but 중국은 최대 금 생산국이지만

The People's Bank of China 중국 인민은행은

has bought about 32m tonnes of gold in the past three months 지난 3개월 동안 3천2백만 톤의 금을 사들였다

— a rate that would see China surpass Russia and Kazakhstan, 그 비율은 러시아와 카자흐스탄 보다 훨씬 상회한 것이다

the leading buyers in 2018. 2018년도 세계에서 제일 금을 많이 사들였던

China is the world's biggest gold producer 중국은 세계 최대 금 생산국이지만

but its gold reserves, at just under $80bn, 금 매장량은 80조 달러에 미치지 못한다는 것은

make up a fraction of total foreign exchange reserves of over $3tn, 중국 해외외환 보유고 3조달러 중 겨우 소수점 분야 정도에 해당되는 금을 가지고 있고

meaning China is underweight in the yellow metal compared with peers. 중국은 러시아나 카자흐스탄과 비교해도 금 보유량이 그 수준에 달하지 못한다

That 3 per cent share, for example, compares with 19 per cent for Russia. 예를 들면 전세계 금 매장량에 대해서 러시아가 19%를 차지하고 중국은 3%를 차지하고 있다

Words for writing : 영작 구문

중국은 최대 금 생산국이지만 ___

관련 국보다 미달된다 ___

중국 인민은행은 ___

지난 3개월 동안 3천2백만 톤의 금을 사들였다

___

그 비율은 러시아와 카자흐스탄 보다 훨씬 상회한 것이다

___

2018년도 세계에서 제일 금을 많이 사들였던 국가들 ___

중국은 세계 최대 금 생산국이지만 ___

금 매장량이 80조 달러에 미치지 못한다는 것은 ___

중국 해외외환 보유고 3조달러 중 겨우 소수점 분야 정도에 해당되는 금을 차지하고

___

중국은 러시아나 카자흐스탄과 비교해도 금 보유량이 그 수준에 달하지 못한다

___

예를 들면 전세계 금 매장량에 대해서 러시아가 19%를 차지하고 중국은 3%를 차지하고 있다

___

Help from AI neural network

A neural network is the same technology that is rapidly improving face recognition services, talking digital assistants, driverless cars and instant translation services like Google Translate.
Because these systems learn from enormous amounts of information, researchers are still struggling to completely understand how they work — and how they will ultimately behave. But some experts believe that once they are honed, tested and properly deployed, they could fundamentally improve health care.

_출처 NYT

Translation

두뇌조직 AI DNA 시스템으로부터의 도움

AI 두뇌 조직 시스템이란 얼굴인식 서비스를 빠르게 발전시키고 디지털 조수와 대화하고 무인승 자동차를 운전하고 구글 번역기와 같은 번역서비스를 제공하는 것과 같은 기술을 말한다.
이런 시스템은 엄청난 양의 정보로부터 배우기 때문에 과학자들은 여전히 그들이 완전히 어떻게 작용하는가를 이해하기 위하여 노력 중이며, 그들이 최종적으로 어떤 행동을 할 것인지 연구한다. 그러나 일부 전문가들은 그들이 연구가 깊어지고 시험을 거치고 필요한 제자리에 AI를 적절히 배치하면 근본적인 어려운 의료 문제까지 새롭게 개선시킬 수 있다고 믿고 있다.

Insight 이지경제해설

두뇌조직 AI DNA 시스템
얼굴인식 서비스 개발 및 디지털 조수
무인승 자동차 및 번역 서비스
과학자들은 이런 작용 연구
AI 적소배치로 문제 개선 기대

현재 AI 기술 시스템은 여전히 초보적이다. 빠른 시일 내에 시험을 거치고 적절히 제자리에 배치되고 정식으로 임무를 수여받을 때 의료관계, 얼굴인식, 디지털 조수 업무, 순간적인 번역업무, 의료 의사 일을 대신하도록 몇 년 내 현장에 배치될 수 있다. 이런 경우에는 인간이 필요 없는 사회가 오는 데도 불구하고 인간은 이 시기를 앞당기려는 노력을 기울이고 있다.

Terms cipher 용어설명

neural network 인간두뇌 안의 DNA활동 시스템
face recognition services 얼굴 인식 서비스
talking digital assistants 디지털 비서
driverless cars 무인승 차량
instant translation services 순간 번역 서비스
ultimately behave 최종적인 행동
fundamentally improve 근본적인 발전
are honed 연마하다

Bilingual reading : 영한 읽기

Help from AI neural network 두뇌조직 AI DNA 시스템으로부터의 도움

A neural network is the same technology AI 두뇌 조직 시스템이란 그와 같은 기술이다

that is rapidly improving face recognition services, 얼굴인식 서비스를 빠르게 발전시키고

talking digital assistants, 디지털 조수와 대화하고

driverless cars 무인승 자동차를 운전하고

and instant translation services like Google Translate. 구글 번역기와 같은 번역 서비스를 제공하는.

Because these systems learn from enormous amounts of information, 이런 시스템은 엄청난 양의 정보로부터 배우기 때문에

researchers are still struggling to completely understand how they work 과학자들은 여전히 완전히 그들이 어떻게 작용하는가를 이해하기 위하여 노력 중이며

— and how they will ultimately behave. 그들이 최종적으로 어떤 행동을 할 것인지 연구한다

But some experts believe 그러나 일부 전문가들은 믿는다

that once they are honed, tested and properly deployed, 그들이 연구를 깊게 하고 시험을 거쳐서 AI가 필요한 제자리에 적절히 배치하면

they could fundamentally improve health care. 근본적인 어려운 의료 문제까지 새롭게 개선시킬 수 있다고

Words for writing : 영작 구문

두뇌조직 AI DNA 시스템으로부터의 도움

AI 두뇌 조직 시스템이란 그와 같은 기술이다

얼굴인식 서비스를 빠르게 발전시키고

디지털 조수와 대화하고

무인승 자동차를 운전하고

구글 번역기와 같은 번역서비스를 제공하는

이런 시스템은 엄청난 양의 정보로부터 배우기 때문에

과학자들은 여전히 완전히 그들이 어떻게 작용하는가를 이해하기 위하여 노력 중이며

그들이 최종적으로 어떤 행동을 할 것인지 연구한다

그러나 일부 전문가들은 믿는다

그들이 연구를 깊게 하고 시험을 거쳐서 AI가 필요한 제자리에 적절히 배치하면

근본적인 어려운 문제까지 새롭게 개선시킬 수 있다고

Kospi listed stocks gain streak

Korean stocks edged up to end their six-day losing streak Monday on bargain hunting, but lingering growth concerns limited the gains, analysts said. The Korean won gained against the greenback.

The benchmark Kospi ticked up 0.66 points, or 0.03 percent, to finish at 2, 138.1. Trading volume was light at 272 million shares worth 4.08 trillion won ($3.60 billion), with losers outnumbering gainers 476 to 338.

The index swung between losses and gains as foreigners continued to remain net sellers, while retail investors went for bargain hunting following heavy losses last week.

_출처 w중앙일보- NYT source

Translation

상장된 코스피 주식이 힘을 얻다

한국주식이 월요일의 싼 주식구매 움직임에 6일간 활력을 잃다가 불황을 끝내고 겨우 조금 올랐다. 그러나 떨어지지 않고 계속 머물고 있는 성장에 대한 우려가 지수상승을 제한했다고 분석가들이 말했다. 달러 대비 한국 원화는 올랐다.

기준 코스피가 0.66포인트 0.03% 살짝 올라서 종장에서 2, 138.1로 마감했다. 거래량은 총 매상 4조8백만원어치 2억72백만 주로서 액수는 그다지 많지 않았다. 달러로는 36억불 즉 전체적인 코스피의 떨어진 주식보다 오른 주식이 훨씬 더 많아서 476주가 떨어지고 338주가 올랐다.

외국인이 순매수자로 남아 있고 소매 투자가들이 지난주 큰 주식손실이 있은 후에 계속 저가만 찾았기 때문에 주식지수는 등락 사이에서 그네를 탔다.

Insight 이지경제해설

한국 주식이 약간 상승
성장 우려가 지수 상승을 제한
달러 대비 원화가 올랐다
기준 코스피가 올랐지만 적은 액수
외국인이 순매수자였고 소매 투자가가 저가추구로 등락

주식 지수에서 전일 지수가 오른다고 해서 반드시 내가 투자한 주식이 상승한다고 말할 수 없다. 왜냐하면 기관투자가가 주식을 조금만 팔아도 그 액수는 개미투자가가 엄청나게 팔아 치운 액수보다 더 클 수가 있다. 그 지수가 반영이 되기 때문에 반드시 어제 최종적인 판매 거래액까지 고려해야 한다.

Terms cipher 용어설명

edged up 끝이 오르다
losing streak 활력을 잃다
bargain hunting 싼 주식 찾아 다니기
lingering growth concerns 계속 맴도는 성장 우려
greenback 달러
ticked up 오르다
losers outnumbering gainers 내리는 것이 오르는 것보다 더 많다
net sellers 기관투자가, 순매수자
retail investors 소매투자

Bilingual reading : 영한 읽기

Kospi listed stocks gain streak 등록된 코스피 주식이 힘을 얻다

Korean stocks edged up 한국주식이 조금 올랐다

to end their six-day losing streak Monday on bargain hunting, 월요일에 싼 주식구매 움직임에 6일간 계속된 활력을 잃은 불황을 끝내고 겨우

but lingering growth concerns limited the gains, analysts said. 그러나 떨어지지 않고 계속 머물고 있는 성장에 대한 우려가 상승을 제한했다고 분석가들이 말했다

The Korean won gained against the greenback. 달러 대비 한국 원화는 올랐다

The benchmark Kospi ticked up 0.66 points, or 0.03 percent, to finish at 2, 138.1. 기준 코스피가 0.66포인트 0.03% 살짝 올라서 종장에서 2, 138.1로 끝났다

Trading volume 거래량은 was light at 272 million shares worth 4.08 trillion won ($3.60 billion), 총 4조8백만원어치 2억72백만 (달러로는 36억불) 주로서 액수는 그다지 많지 않았다

with losers outnumbering gainers 476 to 338. 즉 전체적인 코스피의 떨어진 주식보다 오른 주식이 훨씬 더 많아서 476주가 떨어지고 338주가 올랐다

The index swung between losses and gains 주식지수는 등락 사이에서 그네를 탔다

as foreigners continued to remain net sellers, 외국인이 순매수자로 남아 있고

while retail investors went for bargain hunting following heavy losses last week. 소매 투자가들이 지난주 큰 주식손실이 있은 후에 계속 저가만 찾았기 때문에

Words for writing : 영작 구문

상장된 코스피 주식이 힘을 얻다

한국주식이 조금 올랐다

월요일에 싼 주식구매 움직임에 6일간 계속된 활력을 잃은 불황을 끝내고 겨우

그러나 떨어지지 않고 계속 머물고 있는 성장에 대한 우려가 상승을 제한했다고 분석가들이 말했다

달러 대비 한국 원화는 올랐다

기준 코스피가 0.66포인트 0.03% 살짝 올라서 종장에서 2, 138.1로 끝났다

거래량은

총 4조8백만원어치 2억72백만 (달러로는 36억불) 주로서 액수는 그다지 많지 않았다

코스피의 떨어진 주식보다 오른 주식이 훨씬 더 많아서 476주가 떨어지고 338주가 올랐다

주식지수는 등락 사이에서 그네를 탔다

외국인이 순매수자로 남아 있고

소매 투자가들이 지난주 큰 주식손실이 있은 후에 계속 저가만 찾았기 때문에

Boeing grounded

The US bowed to international pressure yesterday and ordered the grounding of Boeing's 737 Max aircraft after days of insisting the plane was airworthy despite two crashes in five months.
The decision to join other international aviation authorities came after Canada said it had received "new data" about Sunday's Ethiopian Airlines crash that convinced it to ground the plane, becoming the first aviation authority to signal the two accidents could be similar.

_출처 FT

Translation

보잉 비행금지

미국은 보잉기가 5개월 동안 2번 추락했는데도 불구하고, 그 비행기가 안전규정을 충족하며 아무 문제가 없다고 며칠 간 주장을 하다가, 어제 국제압력에 굴복하여 결국 보잉 737 맥스 비행기의 운행을 금지 시켰다.
캐나다가 일요일에 있었던 에티오피아 항공기 추락사건에 대한 새로운 데이터를 접수하고 보잉기 비행을 금지시켰다고 말한 후, 두 사건이 거의 유사한 내용의 사건임을 통보하게 된 첫 번째 비행당국이 되면서, 다른 국제항공 당국들이 합의하기로 한 결정이 이루어졌다.

Insight 이지경제해설

5개월 간 두 보잉기 추락
비행기 문제가 없다는 미국의 주장 후
두 사건이 유사하다는 국제압력에 굴복
캐나다가 최초로 보잉기 비행 금지조치
다른 국제항공사도 금지에 합의

세계 가장 우수한 첨단 기능을 갖춘 미국 보잉사가 오랜 세월 세계를 제패해 왔다. 하지만 지난 5개월간 인도네시아와 이디오피아 두 건의 추락 원인이 거의 유사한 것으로 밝혀졌다. 이에 대해 끝까지 보잉을 두둔하던 미국도 결국 국제 압력에 굴복하였고 보잉사는 새로운 길을 모색해야 한다. 앞으로 그 회사가 제조하는 품질을 어떻게 믿을 수 있는지 상당히 험난할 전망이다.

Terms cipher 용어설명

bowed to 굴복하다
grounding 비행이나 출격 금지
international pressure 국제적 압력
insisting 주장, 언급
crash 비행기 등의 추락
airworthy 항공에 별 문제가 없는
international aviation authorities 국제 항공협회
convinced 설득시키다

Bilingual reading : 영한 읽기

Boeing grounded 보잉 비행금지

The US bowed to international pressure yesterday 미국은 어제 국제 압력에 굴복하여

and ordered the grounding of Boeing's 737 Max aircraft 보잉 737 맥스의 운행 금지를 명령했다

after days of insisting the plane was airworthy despite two crashes in five months. 5개월 동안 2번 추락했는데도 불구하고 그 비행기가 운행에 문제가 없다며 며칠 간 주장 하다가

The decision to join other international aviation authorities came 다른 국제 항공 당국들이 합의하기로 한 결정이 이루어졌다

after Canada said 캐나다가 말한 후

it had received "new data" about Sunday's Ethiopian Airlines crash 일요일에 있었던 에티오피아 항공기 추락사건에 대한 새로운 데이터를 접수하고

that convinced it to ground the plane, 보잉기 비행을 금지시켰다고

becoming the first aviation authority to signal the two accidents could be similar. 두 사건이 거의 유사한 내용의 사건임을 통보하게 된 첫 번째 비행당국이 되면서

Words for writing : 영작 구문

보잉 비행금지

미국은 어제 국제 압력에 굴복하여

보잉 737 맥스의 운행금지를 명령했다

며칠 간 주장 하다가

그 비행기가 운행에 문제가 없다며

5개월 동안 2번 추락했는데도 불구하고

다른 국제 항공 당국들이 합의하기로 한 결정이 이루어졌다

캐나다가 말한 후

일요일에 있었던 에티오피아 항공기 추락사건에 대한 새로운 데이터를 접수하고

보잉기 비행을 금지시켰다고

두 사건이 거의 유사한 내용의 사건임을 통보하게 된 첫 번째 비행당국이 되면서

US tech stock goes bullish

The stellar US tech stock so far this year is not a cloud computing giant or ecommerce conglomerate but browbeaten photo messaging company Snap. Shares are up 79 per cent. The S&P's communication services sector is just 14 per cent higher.

Not that Snap is included in any S&P index. When the S&P Dow Jones indices banned stocks with multiple classes of shares, halting the money invested by index trackers, it seemed a response to Snap's decision to give no voting rights to common shares. Back in 2017 that did not seem too bad — Snap was on a tear and demand was high. Now the structure looks like a drag on the valuation.

_출처 FT

Translation

미국 기술주가 고개를 들다

올해 지금까지 미국의 주요한 기술주로서 클라우드 컴퓨팅 거물이나 e-커머스 상업계의 대형 회사는 아니지만 사진 메시지를 보내는 스냅 회사 주식이 겁에 질리게 할 정도로 79% 올랐다. S&P 통신 서비스 분야는 불과 14% 정도 올랐다.

스냅 회사는 S&P지수에도 포함되고 있지 않다. S&P 다우존스 지수가 다양한 종류의 주식거래를 금지시키고 주식거래의 자금투자를 중단시켰을 때, 여기에 스냅이 일반주식의 투표권을 주지 않기로 결정한 데 대한 대응책으로 보였다. 2017년 당시에 그것은 그다지 나쁘게 보이지 않았다. 스냅은 갑작스런 호황으로 접어들면서 스냅에 대한 수요가 높았다. 이로써 스냅의 구조는 회사가치를 평가하는데 견인차 역할을 하는 것 같이 보인다.

Insight 이지경제해설

주목할만한 미국 기술주 스냅이 79% 상승
그에 비해 S&P 통신 장비 주식은 14% 상승
스냅은 S&P 지수에 불포함
스냅은 일반주식의 투표권을 주지 않았다
이런 스냅의 구조가 가치평가에 새로운 견인차

일반주보다 기술주가 하락장이 되는 것이 일반적 사례인데 이번에는 기술주가 예상외로 선전했다. 이것은 기술주뿐 아니라 S&P 500 일반주도 뛰었다. 이것은 무엇을 의미할까? 사람들은 미국 경기가 좋아서 그렇다고 말하지만 경기가 좋으면 주식가가 하락이 일반적 추세다. 경기가 나빠지는 전망에서 투자할 곳을 찾아서 싼 주식을 찾아 나선다. 그 때문에 주식가격이 오른다. 여기에는 중국과 미국의 무역전쟁이 끝나지 않았고 중국만 피해보는 것이 아니고 미국 역시 여전히 피해를 입고 북한과의 핵문제가 발목을 잡고 있다.

Terms cipher 용어설명

stellar 주요한
tech stock 기술주
browbeaten 겁에 질리게 하다
communication services sector 통신장비 서비스 분야
halting the money invested 투자된 자금 중단
index trackers 지표 추적기
on a tear and demand was high 호황으로 접어들고 수요가 늘다
looks like a drag 견인 역할을 하는 것 같이 보인다

Bilingual reading : 영한 읽기

US Tech stock goes bullish 미국 기술주가 고개를 들다

The stellar US tech stock so far this year 올해 지금까지 미국 주요기술주는

is not a cloud computing giant or ecommerce conglomerate 클라우드 컴퓨팅 거물이나 e-커머스 상업계의 대형회사는 아니지만

but browbeaten photo messaging company Snap. Shares are up 79 per cent. 사진 메시지를 보내는 스냅 회사 주식이 겁에 질리게 할 정도였다. 그 주식이 79%가 올랐다.

The S&P's communication services sector is just 14 per cent higher. S&P 통신 서비스 분야는 불과 14% 정도 더 올랐다.

Not that Snap is included in any S&P index. 스냅 회사는 S&P 지수에도 포함되고 있지 않다.

When the S&P Dow Jones indices banned stocks with multiple classes of shares, S&P 다우존스 지수가 다양한 종류의 주식거래를 금지시키고

halting the money invested by index trackers, 주식거래의 자금투자를 중단시켰을 때 it seemed a response 이는 대응책으로 보였다

to Snap's decision to give no voting rights to common shares. 스냅이 일반주식의 투표권을 주지 않기로 결정한 데 대한

Back in 2017 that did not seem too bad 2017년 당시에 그것은 그다지 나쁘게 보이지 않았다

— Snap was on a tear and demand was high. 스냅은 갑작스런 호황으로 접어들면서 스냅에 대한 수요가 높았다.

Now the structure looks like a drag on the valuation. 이제 스냅의 구조는 회사가치를 평가하는데 견인차 역할을 하는 것 같이 보인다.

Words for writing : 영작 구문

미국 기술주가 고개를 들다

올해 지금까지 미국 주요 기술주는

클라우드 컴퓨팅 거물이나 e-커머스 상업계의 대형회사는 아니지만

사진 메시지를 보내는 스냅 회사가 겁에 질리게 했다

그 주식이 79%가 올랐다

S&P 통신 서비스 분야는 불과 14% 정도 올랐다

스냅 회사는 S&P 지수에도 포함되고 있지 않다

S&P 다우존스 지수가 다양한 종류의 주식거래를 금지시키고

주식거래의 자금투자를 중단시켰을 때

이는 대응책으로 보였다

스냅이 일반주식의 투표권을 주지 않기로 결정한 데 대한

2017년 당시에 그것은 그다지 나쁘게 보이지 않았다

스냅은 갑작스런 호황으로 접어들면서 스냅에 대한 수요는 높았다

이제 스냅의 구조는 회사가치를 평가하는데 견인차 역할을 하는 것 같이 보인다

Retaliatory collateral actions

As it is, the current trade war has caused collateral damage. The dip in demand from China, which results partly from trade tensions, has hurt the profits of U.S. companies such as Apple Inc. and Caterpillar Inc. Global trade in goods has been slowing, with exports from trade-dependent nations such as South Korea and Japan declining. Germany sits on the cusp of a recession at least in part because of a slowing China; its economy may fall over the edge if Trump imposes threatened auto tariffs. Australia's decision to bow to U.S. pressure and ban Huawei Technologies Co. equipment from its new 5G network leaves it facing retaliation. One Chinese port has forbidden imports of Australian coal, prompting fears Beijing is targeting the country's most lucrative exports.

_출처 Bloomberg Businessweek

Translation

보복적 간접 피해

실제로, 현재 진행되는 무역전쟁은 간접피해를 야기했다. 중국의 수요 격감은 부분적으로 무역긴장에서 발생하여 애플, 캐터필러 건설장비회사와 같은 미국 회사의 이익에 큰 손실을 주고 있다. 한국과 일본처럼 무역에 의존하는 국가의 해외수출이 계속 줄고 있기 때문에 국제 상품거래 역시 줄어들었다. 독일은 부분적으로 중국경제의 침체로 인해 불황 끝에 빠져있다. 만약 트럼프가 자동차 관세를 부과하겠다고 위협하면 독일경제가 그로 인해 타격을 입을 지 모른다. 호주가 미국 압력에 굴복하여 자국에서 출시되는 새로운 5G 네트워크 통신장비에 들어가는 화웨이 기술회사 부품을 금지시키기로 한 결정으로 중국의 보복을 당하게 되었다. 중국의 항구는 호주석탄의 입항을 금지했는데, 이는 가장 이익이 많은 호주의 수출품을 북경이 공격목표로 삼고 있다는 우려를 자아내었다.

Insight 이지경제해설

무역전쟁이 간접피해 야기
중국수요 격감으로 애플, 캐터필러 등 미국회사에 손실
한국과 일본과 같은 무역 의존국 수출 감소
중국발 경기불황의 독일에 자동차관세가 부과되면 타격
미국의 압력으로 화웨이 부품을 금지시킨 호주가 중국으로부터 보복

미중 무역전쟁이 끝나지 않은 가운데 미국이 우방국에게 중국제품을 사지 말도록 압력을 넣었다. 그 중 하나인 호주가 굴복하여 중국 화웨이 부품사용을 중단하자 중국 역시 호주의 석탄수입을 중단시키는 간접적인 보복을 당했다. 국제 사회가 미중 무역전쟁으로 인해 피해가 이어지는 상황으로 접어들었다.

Terms cipher 용어설명

collateral damage 간접피해
retaliatory 보복적으로
results from 어떤 결과로부터 발생하다
leaves it facing retaliation 그것으로 하여금 보복을 당하게 만들다
targeting 공격 목표로 삼다
lucrative 이익이 많이 생기는

Bilingual reading : 영한 읽기

Retaliatory collateral action 보복적 간접 피해

As it is, the current trade war has caused collateral damage. 실제로, 현재 무역전쟁은 간접 피해를 야기했다

The dip in demand from China, 중국에서의 수요 격감은

which results partly from trade tensions, 이것은 무역긴장에서 발생한 것으로

has hurt the profits of U.S. companies 미국 회사의 이익에 손실을 주고 있다

such as Apple Inc. and Caterpillar Inc. 애플, 캐터필러 건설장비회사와 같은

Global trade in goods has been slowing, 국제 상품거래가 침체에 접어들고 있다

with exports from trade-dependent nations such as South Korea and Japan declining. 한국과 일본처럼 무역에 의존하는 국가의 수출 감소로

Germany sits on the cusp of a recession 독일은 불황 끝에 놓여 있다

at least in part because of a slowing China; 적어도 부분적으로 중국경제의 침체 때문에

its economy may fall over the edge 독일경제가 그로 인해 타격을 입을 지 모른다

if Trump imposes threatened auto tariffs. 만약 트럼프가 자동차 관세를 부과하겠다고 위협하면

Australia's decision 호주의 결정은

to bow to U.S. pressure 미국 압력에 굴복하는

and ban Huawei Technologies Co. equipment from its new 5G network 그 나라에서 출시되는 새로운 5G 네트워크 통신장비에 들어가는 화웨이 기술 회사 부품을 금지하는

leaves it facing retaliation. 바로 호주가 중국의 보복을 당하게 만들고 있다

One Chinese port has forbidden imports of Australian coal, 중국의 항구는 호주석탄의 입항을 금지했고

prompting fears Beijing is targeting the country's most lucrative exports. 호주가 가장 이익이 많은 수출품을 북경이 공격목표로 삼고 있다는 우려를 자아내었다

Words for writing : 영작 구문

보복적 간접 피해

실제로, 현재 무역전쟁은 간접 피해를 야기했다

중국으로부터 오는 수요의 격감은

이것은 무역긴장에서 발생한 것으로

미국 회사의 이익에 손실을 주고 있다

애플, 캐터필러 건설장비회사와 같은

국제 상품거래가 침체에 이미 접어들고 있다

한국과 일본처럼 무역에 의존하는 국가의 수출감소로

독일은 불황 끝에 놓여 있다

적어도 부분적으로 중국경제의 침체 때문에

독일경제가 그로 인해 타격을 입을 지 모른다

만약 트럼프가 자동차 관세를 부과하겠다고 위협하면

미국 압력에 굴복하는 호주의 결정은

and ban Huawei Technologies Co. equipment from its new 5G network

호주가 보복을 당하게 만들고 있다

중국의 항구는 호주석탄의 입항을 금지했고

호주가 가장 이익이 많은 수출품을 북경이 공격목표로 삼고 있다는 우려를 자아내었다

A U.S. defense contractor getting hit

With many countries grounding Boeing's 737 Max 8 jets and with lawmakers, aviation workers and consumers calling on the United States to do the same, Boeing, which has close ties to the Federal Aviation Administration and is a major American defense contractor, is finding itself in an unfamiliar position.
Boeing is a big lobbying force in Washington. Its top government relations official is a veteran of the Clinton White House, and last year, the company employed more than a dozen lobbying firms to advocate for its interests and spent $15 million on lobbying, according to the Center for Responsive Politics.

_출처 NYT

Translation

미국 방위산업 계약회사가 피해를 입다

많은 나라가 보잉 737 맥스 8호 여객기를 금지시키고 국회의원들, 항공근로자들, 소비자들도 마찬가지로 미국 정부에게 해당 보잉기를 금지시켜 달라고 요청하고 있기 때문에 미국 항공청과 가까운 관계를 맺고 있는 주요한 미국 방위산업체인 보잉사가 참으로 난처한 입장에 빠져 있다.
보잉은 워싱턴에 큰 로비단체가 있다. 보잉의 최고 정부관계 담당관리는 이전 클린턴 대통령 시대 백악관 근무경력이 있는 노장이며 작년에 이 회사의 이해관계를 변호하기 위하여 10여 개 이상의 회사를 고용했고 로비활동에 1500백만불을 사용했다고 리스판시브 폴리틱스 연구소에서 밝혔다.

Insight 이지경제해설

모두가 보잉 737 맥스8호 금지요청
밀접한 미국 주요 방위산업체 보잉이 곤혹
보잉은 워싱턴에 거대 로비단체 보유
보잉의 최고 담당은 백악관 경력 노장
보잉 변호에 10여개 이상 회사 고용 및 천오백만불 활동비

미국과 전 세계에서 가장 많은 승객을 실어 나르는 보잉사가 두 차례에 걸친 추락 사건으로 말미암아 운항금지 압력을 받고 있기 때문에 미국도 자국의 방위산업체를 두둔만 할 수 없는 입장이며 보잉에 충성했던 고객도 앞으로 의심을 품을 수 있다.

Terms cipher 용어설명

defense contractor 방위산업 계약관
grounding 운항금지
calling on 요구하다
close ties 긴밀한 협조관계
Federal Aviation Administration 연방 항공청
to be find itself 스스로 놓이다, 빠지다
in an unfamiliar position 난처한 입장에
advocate 지원하다, 옹호하다
lobbying firm 이해관계를 유리하게 해결하는 회사

Bilingual reading : 영한 읽기

A U.S. defense contractor getting hit 미국 방위산업 계약회사가 피해를 입다

With many countries grounding Boeing's 737 Max 8 jets 많은 나라가 보잉 737 맥스 8호 여객기를 금지시키고 있고

and with lawmakers, aviation workers and consumers calling on the United States to do the same, 국회의원들, 항공근로자들, 소비자들도 마찬가지로 미국 정부에게 해당 보잉기를 금지시켜 달라고 요청하고 있기 때문에

Boeing, which has close ties to the Federal Aviation Administration and is a major American defense contractor, 미국 항공청과 가까운 관계를 맺고 주요한 미국 방위산업체인 보잉사가

is finding itself in an unfamiliar position. 난처한 입장에 빠져 있다

Boeing is a big lobbying force in Washington. 보잉은 워싱턴에 큰 로비단체가 있다

Its top government relations official 보잉의 최고 정부관계 담당관리는

is a veteran of the Clinton White House, 이전 클린턴 대통령 시대 백악관 근무경력이 있는 노장이며

and last year, the company employed more than a dozen lobbying firms to advocate for its interests 작년에 이 회사의 이해관계를 변호하기 위하여 10여개 이상의 회사를 고용했고

and spent $15 million on lobbying, 로비활동에 1500백만불을 사용했다고

according to the Center for Responsive Politics. 리스판시브 폴리틱 연구소에서 밝혔다

Words for writing : 영작 구문

미국 방위산업 계약회사가 피해를 입다

많은 나라가 보잉 737 맥스 8호 여객기를 금지시키고 있고

국회의원들, 항공근로자들, 소비자들도 마찬가지로 미국 정부에게 해당 보잉기를 금지시켜 달라고 요청하고 있기 때문에

미국 항공청과 가까운 관계를 맺고 주요한 미국 방위산업체인 보잉사가

난처한 입장에 빠져 있다

보잉은 워싱턴에 큰 로비단체가 있다

보잉의 최고 정부관계 담당관리는

이전 클린턴 대통령 시대 백악관 근무경력이 있는 노장이며

작년에 이 회사의 이해관계를 변호하기 위하여 10여개 이상의 회사를 고용했고

로비활동에 1500백만불을 사용했다고

리스판시브 폴리틱 연구소에서 밝혔다

Pseudo-science

Many deride her lifestyle brand, Goop, as little more than an overhyped e-commerce platform peddling pseudo-science and baubles. California regulators secured a $145,000 settlement from Goop last year after suing the company for false advertising, including claims that a $66 vaginal jade egg could balance hormones, increase bladder control and regulate menstrual cycles.

_출처 NYT

Translation

유사 과학 사기

많은 사람이 그녀의 생활형 브랜드 상품인 구프의 지나친 e-커머스 플랫폼 광고가 유사과학을 파는 플랫폼에 지나지 않는다고 비난하고 있다. 캘리포니아 의약청 담당은 66 달러짜리 구슬모양의 질 난자 구슬을 삽입하면, 홀몬 균형을 잡을 수 있고 방광작용을 더 원활하게 하며 월경주기를 정상화시킬 수 있다는 등 여러 가지를 주장하는 거짓광고를 기재한 혐의로 그 회사를 고소한 후 작년에 구프 회사로부터 합의금 14만5천불을 받았다.

Insight 이지경제해설

다수가 생활형 브랜드 구프를 조소
가짜과학 판매에 지나친 광고
66 달러 구슬 삽입으로 홀몬 균형
방광을 원활, 월경주기 정상화 등 거짓광고 혐의
의약청 고소로 14만5천 달러

신체의 생리조절이 가능하다는 과학적으로 입증되지 않은 유사과학을 이용한 상품광고를 하여 돈을 번 구프 회사가 소송에서 패소했다.

Terms cipher 용어설명

deride 비웃다
lifestyle brand 생활형 브랜드 상품
overhyped 지나친 광고를 한
e-commerce platform 온라인 상거래 대기 중개소
pseudo-science 유사과학
baubles 겉만 번지르한 싸구려 상품
false advertising 거짓 광고
bladder control 방광 통제, 요실금 자제
regulate menstrual cycles 월경주기 조절

Bilingual reading : 영한 읽기

Pseudo-science 유사 과학 사기

Many deride her lifestyle brand, Goop, 많은 사람이 그녀 생활스타일의 브랜드 상품인 궆을 비난하고 있다

as little more than an overhyped e-commerce platform peddling pseudo-science and baubles. 지나친 광고 e-커머스 즉 유사과학을 파는 플랫폼에 지나지 않는다고

California regulators 캘리포니아 의약청 감독은

secured a $145, 000 settlement from Goop last year 작년에 궆 회사로부터 합의금 14만5천불을 받았다

after suing the company for false advertising, 거짓 광고를 기재한 혐의로 그 회사를 고소한 후

including claims 여러 가지 주장을 포함하여

that a $66 vaginal jade egg could balance hormones, 66불짜리 구슬모양의 질 난자를 삽입하면 홀몬 균형을 잡을 수 있고

increase bladder control 방광작용을 더 원활하게 하며

and regulate menstrual cycles. 멘스 주기를 정상화시킬 수 있다는 등

Words for writing : 영작 구문

유사 과학 사기 ______________________

많은 사람이 그녀 생활스타일의 브랜드 상품인 굽을 비난하고 있다

____

지나친 광고 e-커머스 즉 유사과학을 파는 플랫폼에 지나지 않는다고

____

캘리포니아 의약청 감독은 ______________________

작년에 굽 회사로부터 합의금 14만5천불을 받았다 ______________________

거짓 광고를 기재한 혐의로 그 회사를 고소한 후 ______________________

여러 가지 주장을 포함하여 ______________________

66불짜리 구슬모양의 질 난자를 삽입하면 홀몬 균형을 잡을 수 있고

____

방광작용을 더 원활하게 하며 ______________________

멘스 주기를 정상화시킬 수 있다는 등 ______________________

Good money comes good goods

According to the venture-tracking site Crunchbase, as of October 2017 women made up just 8 percent of investing partners at the top 100 venture capital firms. And last year, female founders received only 2.2 percent of the $130 billion in venture money invested in the United States, according to the analytics firm Pitchbook and the advocacy organization All Raise. That works out to a combined $2.9 billion; for a sense of the scale of money going to other start-ups, a single one, Juul — which makes fruit-flavored e-cigarette cartridges — recently drew an investment of $12.8 billion from Altria.

_출처 NYT

Translation

큰 돈은 좋은 상품에서 생긴다

벤처기업 추적 사이트 크런치 베이스에 의하면 2017년 10월부로 100대 벤처자본회사의 투자 파트너 중 여성은 불과 8% 정도 차지했다. 작년에 미국 벤처기업 투자액수 13백억 달러 가운데 단지 2.2%만 벤처기업 여성설립자들이 받았다고 분석회사 피치북과 벤처기업 지원단체 올래이스에서 밝혔다. 그것은 총 합계 29억 달러가 되는 셈이다. 이런 정도의 돈이 다른 신생회사에 돌아간 경우는 Juul 회사 단 하나뿐이다. 이 회사는 과일맛 전자담배 파이프를 만드는 회사고 최근 알트리아로부터 118억 달러 투자를 끌어들였다.

Insight 이지경제해설

벤처기업 분석회사가 여성기업 투자액 분석
작년 미국 벤처기업 1300억 달러 투자 중 2.2%만 여성기업
2.2%란 총 29억 달러뿐
이 정도 금액이 투자된 다른 신생회사는 단 한 기업
과일맛 전자담배 파이프 회사 Juul은 118억 달러를 투자 받았다

미국의 투자 문화는 아직도 남성 위주 문화다. 투자 파트너의 남녀 비율이 100:8인 가운데 총액 1300억 달러 중 여자기업인 금액비율은 2.2%로 여성수혜자 전체가 받은 액수는 29억원이 전부다. 이 이상 되는 금액을 단일 여성기업인이 받은 경우는 전자담배 파이프 회사 Juul 단 한 곳이고 금액은 118억 달러 투자를 받았다.

Terms cipher 용어설명

crunch 오도독 씹다, 깨물어 부수다
make up 차지하다, 구성하다
venture-tracking site 벤처기업 추적 사이트
venture capital firms 벤처자본 회사
analytics firm 분석 회사
advocacy organization 지원 조직
a sense of the scale of money 돈의 액수에 대한 개념
makes fruit-flavored 과일 맛이 나게 만들다
e-cigarette cartridges 전자 담뱃대

Bilingual reading : 영한 읽기

Good money comes good goods 큰 돈은 좋은 상품에서 생긴다

According to the venture-tracking site Crunchbase, 벤처기업 추적 사이트 크런치베이스(기사 분석)에 의하면

as of October 2017 women made up just 8 percent 2017년 10월까지 여성이 불과 8%정도를 차지했다

of investing partners at the top 100 venture capital firms. 100대 벤처자본회사에 투자 파트너 중에서

And last year, 작년에

female founders 벤처기업 여성설립자들은

received only 2.2 percent 단지 2.2%만 받았다

of the $130 billion in venture money invested in the United States, 미국 투자 벤처기업 액수에서 13백억 달러 가운데

according to the analytics firm Pitchbook and the advocacy organization All Raise. 분석회사 피치북과 벤처기업 지원 단체 올래이스에서 밝혔다

That works out to a combined $2.9 billion; 그것은 총 합계 29억 달러가 된다

for a sense of the scale of money going to other start-ups, 이런 정도의 돈이 다른 신생회사에도 돌아가는데

a single one, Juul Juul이라는 회사 단 하나 뿐이다

— which makes fruit-flavored e-cigarette cartridges — 이 회사는 과일맛 전자담배 파이프를 만드는 회사고

recently drew an investment of $12.8 billion from Altria. 최근 알트리아로부터 118억 달러 투자를 끌어들였다.

Words for writing : 영작 구문

큰 돈은 좋은 상품에서 생긴다

벤처기업 추적 사이트 크런치베이스(기사 분석)에 의하면

2017년 10월까지 여성이 불과 8%정도를 차지했다

100대 벤처자본회사에 투자 파트너 중에서

작년에 벤처기업 여성설립자들은

단지 2.2%만 받았다

미국 투자 벤처기업 액수에서 13백억 달러 가운데

분석회사 피치북과 벤처기업 지원 단체 올래이스에서 밝혔다

그것은 총 합계 29억 달러가 된다

이런 정도의 돈이 다른 신생회사에도 돌아가는데

Juul이라는 회사 단 하나 뿐이다

이 회사는 과일맛 전자담배 파이프를 만든다

최근 알트리아로부터 118억 달러 투자를 끌어들였다

S&P accelerating to credit with inflation

The S&P 500 and Nasdaq indices rose modestly yesterday afternoon after tame US inflation data reinforced the Federal Reserve's rate hike holiday, which has been credited with helping to boost domestic stocks.
The US consumer price index increased just 1.5 per cent in February, compared with a year ago, the weakest inflation figure in more than two years. Growth in core CPI, excluding food and fuel prices, slowed to 2.1 per cent — lower than economists' forecasts.
Nancy Curtin, chief investment officer at Close Brothers Asset Management, said: "The Fed will take heart in these figures, which reflect a pick-up in oil prices and accelerating wage growth, but still remain subdued in terms of the Fed's longer term inflation target."

_출처 FT

Translation

S&P 지수 증가는 인플레 심리가 부추겼다

The S&P 500과 Nasdaq 지수가 그 동안 지루했던 미국 인플레 데이터가 휴일 동안 미 연준 금리인상 가능성을 더욱 높여준 후 어제 오후에 완만하게 올랐다. 이것은 미국내 주식 값을 끌어올리는데 도움을 준 원인이었다.
미국 소비자 물가지수가 1년 전과 비교하여 불과 1.5% 증가했고 이것은 지난 2, 3년 정도와 비교해서 가장 적은 인플레 숫자다. 핵심적인 식품과 연료가격을 제외한 소비자 물가지수 증가는 2.1%로 속도가 둔화되었고 이는 경제학자들의 전망보다 낮은 숫자다.
클로스브라더스 자산관리회사의 수석투자직원 낸시 커튼이 다음과 같이 말했다. "연준은 기름값 인상에 반영되거나 임금인상을 가속화시키는 숫자에 대해서 신경쓰게 되겠지만, 좀 더 장기적 인플레 방지라는 측면에서 현재로서는 어느 정도 호전된 상황이다."

Insight 이지경제해설

지수는 작은 인플레 가능성에도 영향 받는다
인플레 데이터가 금리인상 가능성 고조
연준 금리인상 가능성 때문에 미국내 주식가 상승
미 소비자 물가지수가 완만하게 상승
장기 인플레 방지 면에서 호전 상황

S&P 500과 나스닥 지수는 작은 인플레 가능성에 의해서도 민감한 변화를 일으킨다. 연준 금리인상 가능성도 미국내 주식가격을 끌어올리는 역할을 했다. 그 동안 낮았던 주식에 투자하여 (bargain hunting) 주식가를 끌어올리는 핫머니(hot money)가 작용했다. 연준의장 파월은 임금 성장이 중장기적으로 인플레 요인이 되지 않도록 관심을 기울일 것으로 본다.

Terms cipher 용어설명

tame 지루한
credited with helping 도움을 준 것으로 간주되다
to boost domestic stocks 국내 주식가격을 끌어올리다
weakest inflation figure 가장 약한 인플레 수치
core CPI 핵심 소비자 물가지수
take heart 용기를 내다, 신경을 쓰다
remain subdued 굴복한 상태다
longer term inflation target 장기 인플레 방지
keeping an eye on 신경 쓰다

Bilingual reading : 영한 읽기

S&P accelerating to credit with inflation S&P 지수 증가는 인플레 심리가 부추겼다

The S&P 500 and Nasdaq indices rose modestly yesterday afternoon The S&P 500과 Nasdaq 지수가 어제 오후에 완만하게 올랐다

after tame US inflation data reinforced the Federal Reserve's rate hike holiday, 그 동안 지루했던 미국 인플레 데이터가 휴일 동안 미 연준 금리인상 가능성을 더욱 높여준 후

which has been credited with helping to boost domestic stocks. 이것은 미국 내 주식 값을 끌어올리는데 도움을 준 원인이었다

The US consumer price index increased just 1.5 per cent in February, 미국 소비자 물가지수가 1년 전과 비교하여 불과 1.5% 정도 증가했고

compared with a year ago, the weakest inflation figure in more than two years. 이것은 작년과 비교할 때 지난 2, 3년 이상으로 가장 적은 인플레 숫자다

Growth in core CPI, excluding food and fuel prices, slowed to 2.1 per cent 식품과 연료가격을 제외한 핵심적 소비자 물가지수 증가는 2.1%로 속도가 둔화되었고

— lower than economists' forecasts. 이것은 경제학자들의 전망보다 낮은 숫자다

Nancy Curtin, chief investment officer at Close Brothers Asset Management, said: 클로스브라더스 자산관리회사의 수석투자직원 낸시 커든이 말했다

"The Fed will take heart in these figures, which reflect a pick-up in oil prices and accelerating wage growth, "연준은 기름값 인상에 반영되거나 임금인상을 가속화시키는 숫자에 대해서 신경 쓰게 되겠지만

but still remain subdued in terms of the Fed's longer term inflation target." 하지만 좀더 장기적 인플레 방지라는 측면에서 현재로서는 어느 정도 호전된 상황이다

Words for writing : 영작 구문

S&P 지수 증가는 인플레 심리가 부추겼다

The S&P 500과 Nasdaq 지수가 어제 오후에 완만하게 올랐다

그 동안 지루했던 미국 인플레 데이터가 휴일 동안 미 연준 금리인상 가능성을 더욱 높여준 후

이것은 국내 주식 값을 끌어올리는데 도움을 준 원인이었다

미국 소비자 물가지수가 1년 전과 비교하여 불과 1.5% 정도 증가했고

이것은 작년과 비교할 때 지난 2, 3년 이상으로 가장 적은 인플레 숫자다

식품과 연료가격을 제외한 핵심적 소비자 물가지수 증가는 2.1%로 속도가 둔화되었고

이것은 경제학자들의 전망보다 낮은 숫자다

클로스브라더스 자산관리회사의 수석투자직원 낸시 커든이 말했다

"연준은 기름값 인상에 반영되거나 임금인상을 가속화시키는 숫자에 대해서 신경 쓰게 되겠지만

하지만 좀더 장기적 인플레 방지라는 측면에서 현재로서는 어느 정도 호전된 상황이다.

Political jockeying goes on the bullish note

A week marked by political jockeying in the UK and mixed European and US economic data ended on the bullish note with the FTSE All World index up more than 1.3 per cent over the past five days.

The FTSE 100 index and its domestically focused peer, the FTSE 250, were both 2 per cent higher for the week as a series of parliamentary votes appeared to lessen no-deal Brexit risks.

_출처 FT

Translation

정치적 혼란이 주식의 상승무드를 이끈다

영국 내 정치적 혼란으로 특색이 지워진 한 주와 유럽과 미국이 서로 관련되어 있는 경제 데이터로 말미암아 지난 5일 동안 영국 FTSE(국제 지수) 지수가 1.3% 이상 올라서 주식시장이 상승 분위기로 끝났다.

FTSE 100대 기업지수와 국내 집중 조명을 받고 있는 업체 FTSE 250이 한 두 차례 영국 의회 투표가 비협상 브렉시트 위기에 대한 부담을 어느 정도 완화시켜주는 것으로 보이기 때문에 지난 주 둘 다 지수가 2% 동반 상승했다.

Insight 이지경제해설

영국의 정치적 혼란
유럽과 미국 경제가 서로 관련
정치 혼란이 주가상승을 이끈 한 주
비협상 브렉시트 위기부담 완화
FTSE 100과 FTSE 250 지수 둘 다 상승

정치적인 불안은 바로 경제적인 불안으로 이어진다. 경제적인 불안은 오늘날 도미노현상에 의해 짧은 순간에 전세계로 확산된다. 이로 인해 경제 핵심 축소판 정신은 매 시간마다 지수가 달라지는 이유가 세계에 일어나는 역사가 시시때때로 달라지기 때문이다.

Terms cipher 용어설명

jockeying 술책을 부리는, 혼란을 야기하는
bullish note 특히 주식에 있어서 상승기조
marked 특징지어진
FTSE All World index 영국주식 지수로써 전세계 대기업의 주식지수를 총망라
FTSE 100 index 영국주식 지수로써 전세계 100대 기업의 주식지수
FTSE 250 index 영국주식 지수로써 전세계 250대 기업의 주식지수
a series of parliamentary votes 여러 영국 의회투표, 이어지는 의회투표
appeared 보였던
to lessen no-deal Brexit risks 비협상 브렉시트의 위기를 다소 줄인 것으로

Bilingual reading : 영한 읽기

Political jockeying goes on the bullish note **정치적 혼란이 주식의 상승무드를 이끈다**

A week marked by political jockeying in the UK 영국 내 정치적 혼란으로 특색이 지워진 한 주와

and mixed European and US economic data 유럽과 미국이 서로 엉킨 경제 데이터로 말미암아

ended on the bullish note 주식시장이 상승 분위기로 끝났다

with the FTSE All World index up more than 1.3 per cent over the past five days. 지난 5일 동안 영국 FTSE(국제 지수) 지수가 1.3% 이상 올라서

The FTSE 100 index and its domestically focused peer, the FTSE 250, FTSE 100대 기업지수와 국내 집중 조명을 받고 있는 업체 FTSE 250이

were both 2 per cent higher for the week 지난 주 둘 다 2% 동반 상승했다

as a series of parliamentary votes appeared to lessen no-deal Brexit risks. 한 두 차례 영국 국회 투표가 비협상 브렉시트 위기 부담을 어느 정도 완화시켜주는 것으로 보이기 때문에

Words for writing : 영작 구문

정치적 혼란이 주식의 상승무드를 이끈다 ______

영국 내 정치적 혼란으로 특색이 지워진 한 주와 ______

유럽과 미국이 서로 엉킨 경제 데이터로 말미암아 ______

주식시장이 상승 분위기로 끝났다 ______

지난 5일 동안 영국 FTSE(국제 지수) 지수가 1.3% 이상 올라서

______

FTSE 100대 기업지수와 국내 집중 조명을 받고 있는 업체

______

지난 주 둘 다 2% 동반 상승했다 ______

한 두 차례 영국 국회 투표가 비협상 브렉시트 위기 부담을 어느 정도 완화시켜주는 것으로 보이기 때문에 ______

Reputed institute to get new ideas into management

Founded by investor and art collector Gilbert de Botton in 1983, GAM has enjoyed a reputation as a soundly-run firm that allowed its leading fund managers to generate ideas rather than forcing them to adhere to house views.
Its ARBF range had become one of its most important products, investing in a wide range of bonds, and using derivatives to try and make money.

_출처 FT

Translation

회사 운영에 새로운 아이디어를 받아들여야 한다

투자가이며 예술품 수집가 길버트 드 버튼이 1983년에 설립한 회사 GAM은, 회사 운영에 있어서 그 회사의 주요 펀드매니저로 하여금 회사의 원칙에 무조건 강압적으로 따르기보다, 자신의 아이디어를 창출해내도록 허용해 온 건전한 투자회사로서의 명성을 누려왔다.
이 회사의 ARBF 펀드 종목은 이 회사에서 가장 중요한 상품 중 하나가 되었고, 이 회사는 다양한 종류의 국채까지 폭넓게 투자하고 파생상품을 이용하여 엄청난 돈을 벌어들였다.

Insight 이지경제해설

건전한 투자회사로 명망 있는 회사
아이디어를 회사운영에 도입
회사원칙보다 아이디어 창출 허용
그 결과 ARBF펀드는 회사 중요 상품으로 발전
그 이외 다양한 국채와 파생상품까지 확대

기업이 성공하려면 기업 운영에 가장 정통한 직원의 아이디어를 여과 없이 정책에 반영시켜야 한다. 한 예로 GAM 회사에서 출시한 ARBF라는 펀드이다. "빠른 시일 내 반드시 이익금을 돌려준다" (ARBF: absolute return bond funds)는 의미의 이 펀드가 인기가 있었던 한 사례이다.

Terms cipher 용어설명

reputed institute 명성 있는 회사
founded by investor 투자가에 의해 설립된
art collector 예술품 수집가
has enjoyed 누려왔다
soundly-run firm 건전한 투자 회사
generate ideas 의견을 창출하다
adhere to something 어떤 것을 고수하다, 어떤 생각에 따르다
wide range of bonds 다양한 종류의 국채
derivatives 파생상품

Bilingual reading : 영한 읽기

Reputed institute to get new ideas into management 회사 운영에 새로운 아이디어를 받아들여야 한다

Founded by investor and art collector Gilbert de Botton in 1983, 투자가이며 예술품 수집가 길버트 드 버튼이 1983년에 설립한 회사

GAM has enjoyed a reputation GAM은 명성을 누려왔다

as a soundly-run firm 건전한 투자회사로

that allowed its leading fund managers to generate ideas 회사 운영에 있어서 자신의 아이디어를 창출해내도록 허용해 온

rather than forcing them to adhere to house views. 그 회사의 주요 펀드 매니저로 하여금 회사의 원칙에 무조건 강압적으로 따르기보다

Its ARBF range 이 회사의 ARBF 펀드 종목은

had become one of its most important products, 이 회사에서 가장 중요한 상품 중 하나가 되었고

investing in a wide range of bonds, 이 회사는 다양한 종류의 국채까지 손을 대고

and using derivatives to try and make money. 파생상품을 이용하여 엄청난 돈을 벌어들였다

Words for writing : 영작 구문

회사 운영에 새로운 아이디어를 받아들여야 한다 ______

투자가이며 예술품 수집가 길버트 드 버튼이 1983년에 설립한 회사

______

GAM은 명성을 누려왔다 ______

건전한 투자회사로 ______

회사 운영에 있어서 자신의 아이디어를 창출해내도록 허용해 온

______

그 회사의 주요 펀드 매니저로 하여금 회사의 원칙에 무조건 강압적으로 따르기보다

______

이 회사의 ARBF 펀드 종목은 ______

이 회사에서 가장 중요한 상품 중 하나가 되었고 ______

이 회사는 다양한 종류의 국채까지 손을 대고 ______

파생상품을 이용하여 엄청난 돈을 벌어들였다 ______

International stocks led by Fed's

In the run-up, Wall Street's S&P 500 index gained 0.2 percent early yesterday while the Nasdaq Composite rose 0.3 per cent. Yields on 10-year US Treasury bonds inched up to 2.61 per cent, recovering from a dip to under 2.6 per cent last week for the first time in two months.

Andrea lannelli, investment director at Fidelity International, said last week's push higher in bond prices was fuelled by "rumours of a more dovish Fed meeting."

_출처 FT

Translation

국제 주가는 미국 연준 통화정책에 따라 결정된다

상승추세에 접어든 월스트리트 S&P 500 지수가 어제 오전 거래에서 0.2% 추가되었고 한편 나스닥 종합지수가 0.3% 올랐다.

미국 재무부 10년 거치 채권에 대한 수익금은 2.61% 조금 올랐는데 이는 지난 주에 2.6% 아래로 떨어졌다가 2개월만에 처음으로 다시 회복한 것이다.

피델리티 인터내셔널 투자 과장 안드리아 래넬리는, 지난 주에 채권 값이 이렇듯 이전보다 힘을 받은 것은 "미 연준의 금리인상 문제에 대한 회의 결과가 강경 내용보다 좀 더 비둘기적인 유연한 입장이 나돌았다는 뒷소문"에 의해서 올라간 것이라고 말했다.

Insight 이지경제해설

국제주가는 연준 통화정책에 좌우
S&P 500과 나스닥 종합지수 상승
재무부 10년 거치 국채도 조금 상승
상승은 연준의 금리상승 유연설 덕분

미국 S&P 500 지수는 연준의 금리정책에 영향을 주로 받는다. 그 정책에 의해서 전 세계적인 주식가격이 동시에 영향을 준다. 경제정책 수립에 강경 분위기냐 온건 분위기냐에 따라서 세계 주식 지수가 순간순간 그래프가 오르고 내리는 변화를 한다. 주로 1주 정도 내외 기간이다.

Terms cipher 용어설명

run-up 상승
monetary policy 통화정책
10-year US Treasury bonds 10년 거치 재무부 채권
yield 국채 수익금
inched up 겨우 조금 올라가다
dip to under 아래로 떨어지다
Fidelity International 미국의 투자회사
fuelled by 무엇에 의해 영향을 받다
dovish Fed meeting 연준의 온건적 회의결과

Bilingual reading : 영한 읽기

International stocks led by Fed's 국제 주가는 미국 연준 통화정책에 따라 결정된다

In the run-up, Wall Street's S&P 500 index 상승추세에 접어든 월스트리트 S&P 500 지수가

gained 0.2 percent early yesterday 어제 오전 거래에서 0.2%가 추가되었고

while the Nasdaq Composite rose 0.3 per cent. 한편 나스닥 종합지수가 0.3% 올랐다

Yields on 10-year US Treasury bonds inched up to 2.61 per cent, 미국 재무부 10년 거치 채권에 대한 수익금은 2.61% 조금 올랐다

recovering from a dip to under 2.6 per cent last week 지난 주일에 2.61% 아래로 떨어졌다가 겨우 회복한

for the first time in two months. 2개월만에 처음으로

Andrea Iannelli, investment director at Fidelity International, 피델리티 인터내셔널 투자 과장 안드리아 래넬리는

said last week's push higher 지난 주에 올라간 것이라고 말했다

in bond prices was fuelled 채권 가격이 힘을 받아

by "rumours of a more dovish Fed meeting." 미 연준의 금리인상 문제에 대한 회의 결과가 강경 내용보다 좀 더 비둘기적 유연한 입장이 나돌았다라는 뒷소문에 의해

Words for writing : 영작 구문

국제 주가는 미국 연준 통화정책에 따라 결정된다

상승추세에 접어든 월스트리트 S&P 500 지수가

어제 오전 거래에서 0.2%가 추가되었고

한편 나스닥 종합지수가 0.3% 올랐다

미국 재무부 10년 거치 채권에 대한 수익금은 2.61% 조금 올랐다

지난 주일에 2.61% 아래로 떨어졌다가 겨우 회복한

2개월만에 처음으로

피델리티 인터내셔널 투자 과장 안드리아 래넬리는

지난 주에 올라간 것이라고 말했다

채권 가격이 힘을 받아서

미 연준의 금리인상 문제에 대한 회의 결과가 강경 내용보다 좀 더 비둘기적 유연한 입장이 나돌았다라는 뒷소문에 의해

Trade war doesn't appear US to freak out

Modest, unpredictable incidents can cause economic downturns if they lead businesses or consumers to freak out. And trade wars and government shutdowns have caused some glaring panics in the past. Still, it is easy to understand the administration's perspective. First, officials remain confident that they can strike a deal that will avert a major trade war entirely. Second, even if there is a trade war, it might not damage the United States that much. After all, exports account for only 12 percent of the nation's economy, while China is less than a tenth of that.

_출처 NYT

Translation

무역전쟁이 미국을 두렵게 하지는 않아 보인다

미미하지만 예측불능의 사건들이 기업체나 소비자들을 놀라게 할 때는 경제적 하강상태가 조성된다. 지난 번에 무역전쟁과 정부폐쇄가 몇 가지의 뚜렷한 공포를 야기시켰다. 하지만 행정부의 견해는 쉽게 이해가 간다. 첫째 관리들은 그들이 주요 무역전쟁에서 완전히 방향을 틀어버리게 할 수 있는 협상을 체결할 수 있다는 자존심을 여전히 내비치고 있다. 둘째 만약 무역전쟁이 발생한다 하더라도 그 전쟁은 생각만큼 미국에 손해는 주지 않을 수도 있다. 무엇보다 미국수출은 미국경제에 겨우 12%를 차지할 뿐이지만 중국은 그 숫자의 1/10에도 미치지 못한다.

Insight 이지경제해설

돌발 사건으로 경제적 하강상태 조성
무역전쟁 및 정부폐쇄가 공포 야기
정부관리는 협상에 자신감
무역전쟁의 영향 미미
미국 수출은 미 경제의 12% 정도로 중국보다 적은 규모

사건이 사회에 미치는 영향이 사소하다 하더라도 경제적 지표를 끌어내리는 분위기는 보다 쉽게 조성될 수 있다. 하지만 미중 무역전쟁은 전문가들이 생각하고 있는 만큼 미국경제에 큰 타격요소가 될 것 같지 않다는 생각이 우세하다.

Terms cipher 용어설명

modest 별로 중요하지 않는, 수수한
unpredictable 예측할 수 없는
downturns 하강
to freak out 놀라서 도망가게 하다
glaring panics 눈에 뛸만한 고통
administration's perspective 행정부의 관점, 시각, 견해
remain confident 여전히 자신감을 버리지 않고 있다
that much 그만큼
account for 해당한다

Bilingual reading : 영한 읽기

Trade war doesn't appear US to freak out 무역전쟁이 미국을 두렵게 하지는 않아 보인다

Modest, unpredictable incidents 미미하지만 예측불능의 사건들이

can cause economic downturns 경제적 하강상태가 조성된다

if they lead businesses or consumers to freak out. 기업체나 소비자들을 놀라게 할 때는

And trade wars and government shutdowns 무역전쟁과 정부폐쇄가

have caused some glaring panics in the past. 지난 번에 몇 가지의 뚜렷한 공포를 야기시켰다

Still, it is easy to understand the administration's perspective. 하지만 행정부의 견해는 쉽게 이해가 간다

First, officials remain confident 첫째 관리들은 자존심을 여전히 내비치고 있다

that they can strike a deal that will avert a major trade war entirely. 그들이 주요 무역전쟁에서 방향을 완전히 틀어버리게 할 수 있는 협상체결을 할 수 있다는

Second, even if there is a trade war, 둘째 만약 무역전쟁이 발생한다 하더라도

it might not damage the United States that much. 그 전쟁은 생각만큼 미국에 손해는 주지 않을 수도 있다

After all, exports account for only 12 percent of the nation's economy, 무엇보다 미국수출은 미국경제에 겨우 12%를 차지할 뿐이고

while China is less than a tenth of that. 한편 중국은 그 숫자의 1/10에도 미치지 못한다

Words for writing : 영작 구문

무역전쟁이 미국을 두렵게 하지는 않아 보인다

미미하지만 예측불능의 사건들이

경제적 하강상태가 조성된다

기업체나 소비자들을 놀라게 할 때는

무역전쟁과 정부폐쇄가

지난 번에 몇 가지의 뚜렷한 공포를 야기시켰다

하지만 행정부의 견해는 이해하기 쉽다

첫째 관리들은 자존심을 여전히 내비치고 있다

그들이 주요 무역전쟁에서 방향을 완전히 틀어버리게 할 수 있는 협상체결을 할 수 있다는

둘째 만약 무역 전쟁이 발생한다 하더라도

그 전쟁은 생각만큼 미국에 손해는 주지 않을 수도 있다

무엇보다 미국수출은 미국경제에 겨우 12%를 차지할 뿐이고

한편 중국은 그 숫자의 1/10에도 미치지 못한다

Maduro exchange reserve

With little visibility into the Maduro regime's accounts, it's impossible to say just how much money it has left.
International reserves stand at $8.3 billion, much of it in gold ingots, and the U.S. has already banned the purchase of Venezuela's crude and its exports of refined goods in order to starve Maduro financially, which would in turn exert pressure on the military and his supporters to cross over to Guaido's side.

_출처 Bloomberg Businessweek

Translation

베네수엘라 마두로 정권의 외환 보유고

마두로 정권의 계좌를 조금이라도 들여다보지 않고는 그 잔고가 얼마 남았는지 이해하기 불가능하다.
그의 현재 외환보유고는 83조 달러이고 그 대부분이 금괴로 되어 있다. 미국은 마두로 정권을 경제적으로 고사시켜서 그의 군대와 지지자들이 그의 정적 과이도 편으로 넘어가도록 만들기 위하여, 베네수엘라의 원유 구입을 막고 제련된 모든 수출품 구입을 이미 일절 금지 시켰다.

Insight 이지경제해설

마두로 정권의 계좌 들여다 보기
외환보유고 83조 달러
대부분이 금괴로 현금화 무리
경제적으로 압박으로 원유와 제련품 수입금지
그의 군대와 지지자를 정적 과이도로 전향 유도

마두로의 현재 은행보유고는 몇 달을 버티지 못할 것이다. 미국은 금융제제 조치로 베네수엘라의 석유 및 완제품 등을 모든 국제거래에서 제외시켰다. 경제적으로 압살을 시키면서 마두로에게 충성하는 군대와 지지자들이 야당지도자 과이도 편으로 자연적으로 넘어오게 하는 미국의 정책이다.

Terms cipher 용어설명

visibility 가시권
Maduro regime's accounts 마두로 정권의 구좌
International reserves 국제 외환 보유고
stand at 여기에 달하다
much of it 그것의 대부분
gold ingots 금괴
in turn 차례대로, 또한
cross over to 넘어가다

Bilingual reading : 영한 읽기

Maduro exchange reserve 베네수엘라 마두로 정권의 외환 보유고

With little visibility into the Maduro regime's accounts, 마두로 정권의 계좌를 조금이라도 들여다보지 않고는

it's impossible to say just how much money it has left. 그 구좌 잔고가 얼마 남았는지 이해하기 불가능하다

International reserves stand at $8.3 billion, 그의 현재 외환보유고가 83조달러이고

much of it in gold ingots, 그 대부분이 금괴로 되어 있다

and the U.S. has already banned the purchase 미국은 이미 구입을 일절 금지 시켰다

of Venezuela's crude 베네주엘라 원유와

and its exports of refined goods 모든 제련된 수출품을

in order to starve Maduro financially, 마두로 정권을 경제적으로 고사시키기 위하여

which would in turn exert pressure on the military and his supporters 그의 군대와 지지자들에 대하여 강제적으로

to cross over to Guaido's side. 그의 정적 과이도 편으로 넘어가도록

Words for writing : 영작 구문

베네수엘라 마두로 정권의 외환 보유고

마두로 정권의 구좌를 조금이라도 들여다보지 않고는

그 구좌 잔고가 얼마 남았는지 이해하기 불가능하다

그의 현재 외환보유고가 83조달러이고

그 대부분이 금괴로 되어 있다

미국은 이미 구입을 일절 금지 시켰다

베네주엘라 원유와

모든 제련된 수출품을

마두로 정권을 경제적으로 고사시키기 위하여

그의 군대와 지지자들에 대하여 강제적으로

그의 정적 과이도 편으로 넘어가도록

Exposure to emerging market

For emerging market investors, 2019 began promisingly. The Federal Reserve held back from adding to a run of interest rate rises that hurt EM assets last year, while fears of a more bruising US-China trade war receded.
However, a rally in the assets of many such economies has since fizzled out.
Given the more benign backdrop via a shift in policy from the Fed, the failure of EM markets to sustain their zip may lie in the fact that investors began the year with plenty of exposure to them, which may have curbed their appetite for more, according to Robin Brooks at the Institute of International Finance.

_출처 FT

Translation

개발도상국 시장의 위험 노출

개발도상국 시장 투자가에게 2019년은 희망찬 새해로 시작되었다. 작년에 개발도상국 시장 자산을 많이 잠식시켜버린 몇 차례에 걸친 미국 금리인상으로부터 연준이 금리인상을 보류했다. 한편 상처만 났던 중미 무역전쟁 두려움도 서서히 가셔졌다.
그러나 그런 개도국경제권 자산상승이 잠시 있었지만 그 후 사라졌다.
연준의 금리정책 변화에 좀 더 유리한 환경이 마련되고 있다는 점을 감안할 때, 개발도상국 시장활력이 계속 유지하기 힘들었던 것은 투자가들이 위험부담이 너무 많이 노출된 상태에서 올해를 시작했다는 사실인지도 모른다. 그것이 바로 좀 더 크게 성장하고자 하는 개발도상국 시장의 간절한 희망을 많이 막았는지 모른다고 국제 금융연구소 라빈 브룩스에서 밝혔다.

Insight 이지경제해설

2019년 시작에 개도국 투자 희망적
연준 금리인상 보류 미중 무역전쟁 완화
개도국시장 일시적 상승 후 꺾인 이유로
위험부담이 지나치게 노출
이에 시장희망을 저지

2019년도는 세계 주식시장 대해 상당히 낙관적인 생각을 가지고 투자했다. 그러나 낙관적 관점에 앞서 큰 기업손실을 가져오는 위험부담이 그들에게 지나치게 과도하게 노출되어 무역전쟁이나 연준의 금리인상 요소가 쉽게 해결되기 어려울 수 있다는 심리가 뒤따르며 성장에 대한 갈망을 막았을 것으로 분석했다.

Terms cipher 용어설명

held back 유보하다
to a run of interest rate rises 몇 차례에 걸친 금리 인상
a more bruising US-China trade war 더 많은 상처를 입은 중미 무역전쟁
a rally in the assets 자산의 일시적 반등
fizzled out 슬며시 꺼지다
benign backdrop 유리한 배후관계
to sustain their zip 활력을 유지하다
have curbed their appetite 희망이 꺾이다
exposure 투자에 있어서 언제든지 손실을 볼 수 있는 위험부담

Bilingual reading : 영한 읽기

Exposure to emerging market 개발도상국 시장의 위험 노출

For emerging market investors, 개발도상국 시장 투자가에게는

2019 began promisingly. 2019년도가 희망찬 해로 시작했다

The Federal Reserve held back 연준이 보류를 했다

from adding 추가로 금리를 올리는 자세에서

to a run of interest rate rises that hurt EM assets last year, 작년에 개발도상국 시장 자산을 잠식시켜버린 몇 차례에 걸친 미국 금리인상에 대해

while fears of a more bruising US-China trade war receded. 한편 상처만 났던 미중 무역전쟁 두려움도 서서히 가셔졌다

However, a rally in the assets of many such economies has since fizzled out. 하지만 많은 경제권 자산이 잠시 올랐으나 그 후 사라졌다

Given the more benign backdrop via a shift in policy from the Fed, 연준 금리 정책 변화에 좀 더 유리한 환경이 마련되고 있다는 점을 감안할 때

the failure of EM markets to sustain their zip 도상개발국 시장활력이 계속 유지되기 힘들었던 것은

may lie in the fact that investors began the year with plenty of exposure to them, 투자가들이 그들에게 너무 위험부담이 많은 상태에서 올해를 시작했다는 사실인지도 모른다

which may have curbed their appetite for more, 그것이 바로 좀 더 크게 성장하고자 하는 개발도상국 시장의 간절한 희망을 많이 막았는지 모른다고

according to Robin Brooks at the Institute of International Finance. 국제 금융연구소 라빈 브룩스에서 밝혔다

Words for writing : 영작 구문

개발도상국 시장의 위험 노출

개발도상국 시장 투자가에게는

2019년도가 희망찬 해로 시작했다

연준이 보류를 했다

추가로 금리를 올리는 자세에서

작년에 개발도상국 시장 자산을 잠식시켜버린 몇 차례에 걸친 미국 금리인상에 대해

한편 상처만 났던 미중 무역전쟁 두려움도 서서히 가셔졌다

하지만 많은 경제권 자산이 잠시 올랐으나 그 후 사라졌다

연준 금리정책 변화에 좀 더 유리한 환경이 마련되고 있다는 점을 감안할 때

도상개발국 시장활력이 계속 유지되기 힘들었던 것은

투자가들이 그들에게 너무 위험부담이 많은 상태에서 올해를 시작했다는 사실인지도 모른다

그것이 바로 좀 더 크게 성장하고자 하는 개발도상국 시장의 간절한 희망을 많이 막았는지 모른다고

국제 금융연구소 라빈 브룩스에서 밝혔다

How many cranes are over US cities

Other cities where cranes are plentiful, despite signs of a global slowdown, are Los Angeles (44), New York (28) and San Francisco (29), according to the index. If the analyses seem overly optimistic, that may have more to do with the health of those cities than the condition of the United States, according to economists, who add that cranes are not likely to disappear anytime soon.

_출처 NYT

Translation

미국 도시의 크레인 수 의미

세계 경제침체 조심이 있는 데도 불구하고 공중에 크레인이 많이 떠 있는 도시로 LA가 44, NY가 28, 샌프란시스코가 29 개라고 크레임 지수에서 밝혔다. 만약 분석가들이 지나칠 정도로 낙관적 생각을 하는 것처럼 보인다면 그것은 미국 현 상황보다 그 도시 재정상황 건전성과 관계가 있다고 할 수 있다. 미국 크레인 건설사업이 조만간 사라질 것 같지 않다고 전망하는 경제학자들이 전한다.

Insight 이지경제해설

미국 도시의 크레인 수의 의미
현재 국제 경기침체 시기
미국 주요 도시에 크레인이 다수
크레인 수와 경제낙관론의 관계
미국 경제상황보다 도시 재정건전성의 관계

부동산 가격의 척도는 크레인이다. 2008년 이래 미국에서는 아직 부동산 경기가 회복 되지 못하고 있다. 하지만 큰 도시에서는 여전히 큰 건설공사가 진행되고 있다. 이것은 미국 각 도시 내 인프라 성장가능성을 말해주고 있는 것이다.

Terms cipher 용어설명

where cranes are plentiful 크레인이 많이 움직이고 있는 지역
overly optimistic 염려스러울 정도로 낙관적
have more to do with the health 건전성과 더 관계가 있다
than the condition of the United States 미국의 현 상태 보다
not likely to disappear 사라질 가능성이 없다
anytime soon 조만간

Bilingual reading : 영한 읽기

How many cranes are over US cities 미국 도시의 크레인 수 의미

Other cities where cranes are plentiful, 세계 경제침체 조심이 있는 데도 불구하고

despite signs of a global slowdown, 공중에 크레인이 많이 떠 있는 도시로

are Los Angeles (44), New York (28) and San Francisco (29), LA가 44, NY가 28, 샌프란시스코가 29 개라고

according to the index. 크레인 지수에서 밝혔다

If the analyses seem overly optimistic, 만약 분석가들이 지나칠 정도로 낙관적 생각을 하는 것처럼 보인다면

that may have more to do with the health of those cities 그 도시 재정상황 건전성과 관계가 있다고 할 수 있다

than the condition of the United States, 미국 현 상황보다

according to economists, 경제학자들이 전한다

who add that cranes are not likely to disappear anytime soon. 미국 크레인 건설사업이 조만간 사라질 것 같지 않다고 전망한다고

Words for writing : 영작 구문

미국 도시의 크레인 수 의미 ____________________

세계 경제침체 조심이 있는 데도 불구하고 ____________________

공중에 크레인이 많이 떠 있는 도시로 ____________________

LA가 44, NY가 28, 샌프란시스코가 29 개라고 ____________________

크레인 지수에서 밝혔다 ____________________

만약 분석가들이 지나칠 정도로 낙관적 생각을 하는 것처럼 보인다면

____

그 도시 재정상황 건전성과 관계가 있다고 할 수 있다

____

미국 현 상황보다 ____________________

경제학자들이 전한다 ____________________

미국 크레인 건설사업이 조만간 사라질 것 같지 않다고 전망한다고

____

Behind recession of US business confidence

Business confidence is receding in the US from the heights it reached after Donald Trump's election, as friction with trading partners and a slowing global economy weigh on chief executives' expectations for hiring, investment and growth.
An index of CEOs' economic confidence compiled by the Business Roundtable, a prominent Washington business group, declined for the fourth quarter in a row, falling 9.2 points to 95.2.

_출처 FT

Translation

미국 기업신뢰도 후퇴 배경

트럼프의 당선 이래 미국 국내 기업체 신뢰도가 최고점에서 서서히 뒤로 물러가고 있다. 이는 국제적 무역 파트너와의 갈등과 세계 경제침체가 기업체 CEO들의 향후 고용, 투자, 성장에 대한 기대감에 많은 무게로 작용했기 때문이다.
워싱턴 기업 그룹인 비즈니스 라운드테이블에 의해서 편찬된 CEO 경제신뢰도에 대한 지수가 연속적으로 사사분기 동안 후퇴하여 9.2 포인트가 떨어져서 95.2가 되었다.

Keyword 45

Insight 이지경제해설

기업 신뢰도 저하
도널드 트럼프 당선 후 최고점에서 하락
무역파트너와 갈등
기업체 CEO의 고용, 투자, 성장 부담
세계 경제후퇴가 미국기업 성장저해

미 국내 향후 기업에 대한 전망은 미국의 비즈니스 파트너들과 정책적 갈등 및 이에 따른 세계 경제후퇴가 미국기업 성장가능성을 많이 잠식하고 있다.

Terms cipher 용어설명

business confidence 기업 신뢰도
is receding in the US 미국 내에서 서서히 후퇴하고 있다
as friction with trading partners 무역 파트너들과의 갈등으로
a slowing global economy weigh on 세계 경제 침체가 부담이 되다
expectations for hiring 고용 전망
compiled by 에 의해 편찬된
prominent 저명한

Bilingual reading : 영한 읽기

Behind recession of US business confidence 미국 기업신뢰도 후퇴 배경

Business confidence is receding in the US from the heights it reached 미국 내 기업체 신뢰도가 최고점에서 서서히 뒤로 물러가고 있다

after Donald Trump's election, 트럼프의 당선 이래

as friction with trading partners and a slowing global economy 이는 국제적 무역 파트너와의 갈등과 세계 경제침체가

weigh on chief executives' expectations for hiring, investment and growth. 기업체 CEO들의 향후 고용, 투자, 성장에 대한 기대감에 많은 무게로 작용했기 때문이다

An index of CEOs' economic confidence CEO경제 신뢰도에 대한 지수가

compiled by the Business Roundtable, 비즈니스 라운드테이블에 의해서 편찬된

a prominent Washington business group, 저명한 워싱턴 기업 그룹인

declined for the fourth quarter in a row, 연속적으로 사사분기 동안 후퇴하여

falling 9.2 points to 95.2. 9.2포인트가 떨어져서 95.2가 되었다

Words for writing : 영작 구문

미국 기업신뢰도 후퇴 배경

미국 내 기업체 신뢰도가 최고점에서 서서히 뒤로 물러가고 있다

트럼프의 당선 이래

이는 국제적 무역 파트너와의 갈등과 세계 경제침체가

기업체 CEO들의 향후 고용, 투자, 성장에 대한 기대감에 많은 무게로 작용했기 때문이다

CEO경제 신뢰도에 대한 지수가

비즈니스 라운드테이블에 의해서 편찬된

저명한 워싱턴 기업 그룹인

연속적으로 사사분기 동안 후퇴하여

9.2포인트가 떨어져서 95.2가 되었다

Friction of western style against China

The state-owned company has since become the largest brokerage on the Chinese mainland and in 2013 it underlined its global ambitions with the $1.25bn acquisition of its scrappy Hong Kong-based rival CLSA.
However, since then there have been signs of a growing clash of cultures between a western style investment banking ethos and the conservative values of a state-owned financial conglomerate that considers many Wall Street practices anathema.

_출처 FT

Translation

중국은 서방스타일과 갈등

그 국영업체는 중국 본토에서 가장 큰 주식거래 회사가 된 이래 2013년에 경쟁적으로 싸웠던 홍콩주재 CLSA 회사를 12억 5천만불로 인수합병 함으로써 국제적으로 큰 야심이 있음을 내비쳤다.
하지만 그 후 서방스타일의 투자금융 풍조와 국영업체 금융대재벌의 보수적 가치관 사이에 문화적 갈등 조짐이 있었다. 즉, 이 회사는 많은 월스트리트의 사업 관행을 하나의 혐오스런 것으로 생각해 왔다.

Insight 이지경제해설

중국 최대 국영업체가 홍콩주재 경쟁사 CLSA 합병
국제적 야심을 드러내다
서방과 보수적 가치관 사이에 문화적 갈등
서방 금융투자 방식과 국영기업 금융대재벌 풍조 차이
중국 금융기업은 월스트리트 관행을 혐오

중국 보수적 사업관행과 서구 스타일 즉, 미국 월스트리트 비즈니스 관행에 대한 차이로 주식투자에 상호충돌을 겪으면서 오늘날 이 국영회사가 세계로 진출하는데 장애가 되고 있다.

Terms cipher 용어설명

state-owned company 국영회사
friction 마찰, 불화
the largest brokerage 최대 주식거래소, 거래인
underline 강조하다, 드러내다
acquisition 인수합병
scrappy 시비 걸기 좋아하는, 싸움을 잘하는
investment banking ethos 주식투자 풍조
practices 관행
anathema 증오, 저주, 파문

Bilingual reading : 영한 읽기

Friction of western style against China 중국은 서방스타일과 갈등

The state-owned company 그 국영업체는

has since become the largest brokerage on the Chinese mainland 중국 본토에서 가장 큰 주식 거래 회사가 된 이래

and in 2013 it 그리고 2013년도에 이 회사는

underlined its global ambitions 국제적으로 큰 야심이 있음을 내비쳤다

with the $1.25bn acquisition 12억 5천만불로 인수합병 함으로써

of its scrappy Hong Kong-based rival CLSA. 경쟁적으로 싸웠던 홍콩주재 CLSA회사를

However, since then 하지만 그 이래로

there have been signs of a growing clash of cultures 문화적 갈등 조짐이 있었다

between a western style investment banking ethos 서방 스타일의 투자금융 풍조와

and the conservative values of a state-owned financial conglomerate 국영업체 금융 대재벌의 보수적 가치관 사이에

that considers many Wall Street practices anathema. 이 회사는 많은 월스트리트의 사업 관행을 하나의 혐오스런 것으로 생각해 왔다

Words for writing : 영작 구문

중국은 서방스타일과 갈등 ______

그 국영업체는 ______

중국 본토에서 가장 큰 주식 거래 회사가 된 이래

______

그리고 2013년도에 이 회사는 ______

국제적으로 큰 야심이 있음을 내비쳤다 ______

12억 5천만불로 인수합병 함으로써 ______

경쟁적으로 싸웠던 홍콩주재 CLSA회사를 ______

하지만 그 이래로 ______

문화적 갈등 조짐이 있었다 ______

서방 스타일의 투자금융 풍조와 ______

국영업체 금융 대재벌의 보수적 가치관 사이에

______

이 회사는 많은 월스트리트의 사업 관행을 하나의 혐오스런 것으로 생각해 왔다

______

Google hit with fine in EU

Google has been hit with a £1.5bn fine by the EU after a competition probe ruled that the dominant search group had spent 10 years blocking rival online advertisers.
The larger than expected penalty is the third to be imposed on Google by the EU in less than two years — taking the total to £8.2bn and drawing a line under current European antitrust investigations into the US tech group.

_출처 FT

Translation

구글이 EU에서 벌금을 받았다

독점금지 수사에서 세계를 지배해온 검색창구가 지난 10년간 동종 경쟁사 온라인 광고회사를 고의적으로 영업을 방해해 왔다고 판결함에 따라 구글은 EU당국으로부터 벌금 15억 유로달러의 벌금이 부과되었다.
기대했던 최초 액수보다 큰 이 액수는 지난 2년도 안 되는 시기에 EU당국으로부터 구글에 부과된 세 번째 사건이다. 즉, 총 액수가 82억 유로달러로 현 유럽 반독점 금지법 수사가 미국 기업 속으로 손을 대며 한 획을 그었다.

Insight 이지경제해설

구글이 15억 유로 벌금
동종 경쟁사에 고의적 방해를 판결
EU 당국으로부터 벌금 부과
2년 사이 세 번째이며 엄청난 액수
유럽이 미국기업에 독점금지 수사

EU내 미국의 구글 활동에 대한 제한선을 EU 당국이 분명히 제시한 사건이다. 구글이 EU에서 활동하면서 금년에 세 번째로 벌금을 부과 받았다. 총 액수가 82억 유로 달러에 달한다. 이는 EU가 미국 기업에 자유로운 EU내 활동을 전적으로 저지하겠다는 의도이다. 즉, EU와 미국을 별개의 경제권으로 정하고자 하는 의도다.

Terms cipher 용어설명

the dominant search group 압도적인 검색 그룹
blocking rival 경쟁사 저지
online advertisers 온라인 광고업체
the larger than expected penalty 기대했던 액수보다 훨씬 더 큰 벌금
in less than two years 지난 2년도 안 되는 사이에
antitrust 독점 금지법
fine 벌금
the US tech group 미국 기술기업

Bilingual reading : 영한 읽기

Google hit with fine in EU 구글이 EU에서 벌금을 받았다

Google has been hit with a £1.5bn fine by the EU 구글은 EU 당국으로부터 벌금 15억 유로 달러의 벌금이 부과되었다

after a competition probe ruled 독점금지 수사가 판결함에 따라

that the dominant search group had spent 10 years blocking 세계를 지배해온 검색창구가 지난 10년간 영업을 방해왔다고

rival online advertisers. 동종 경쟁사 온라인 광고회사를 고의적으로

The larger than expected penalty 기대되었던 최초 액수보다 큰 이 액수는

is the third 세 번째 사건이다

to be imposed on Google by the EU EU 당국으로부터 구글에 부과된

in less than two years 지난 2년도 안 되는 시기에

— taking the total to £8.2bn 즉, 총 액수가 82억 유로달러이며

and drawing a line 한 획을 그었다

under current European antitrust investigations 현 유로 반독점 금지법 수사가

into the US tech group. 미국 기업 속까지 들어가며

Words for writing : 영작 구문

구글이 EU에서 벌금을 받았다

구글은 EU 당국으로부터 벌금 15억 유로 달러의 벌금이 부과되었다

독점금지 수사가 판결함에 따라

세계를 지배해온 검색창구가 지난 10년간 영업을 방해왔다고

동종 경쟁사 온라인 광고회사를 고의적으로

기대되었던 최초 액수보다 큰 이 액수는

세 번째 사건이다

EU 당국으로부터 구글에 부과된

지난 2년도 안 되는 시기에

즉, 총 액수가 82억 유로달러이며

한 획을 그었다

현 유로 반독점 금지법 수사가

미국 기업 속까지 들어가며

In deep debt

Coal-fired and gas-fired power plants have faced rising costs for energy imports while the price that users can be charged is capped by the government. Many are struggling to pay back foreign currency debt. Real estate companies used foreign loans to build shopping malls, but now face a currency mismatch after being ordered to strike rent deals with retailers in lira. "The cost of paying back our euro and dollar-based loans has almost doubled," says one construction executive. "Even though we have been paying it off, we have more debt [in lira terms] than before."

_출처 FT

Translation

깊은 부채

석탄으로 불을 태우고 가스로 불을 태우는 전력 발전소가 에너지 수입의 비용이 점점 올라가는 상황에 부딪히고 있는 한편, 사용자가 부담하는 징수 가격은 정부가 부과하는 것이다. 많은 사람들이 외국화폐로 외채 갚기에 고생하고 있는데 부동산 회사들은 외채를 빌려 쇼핑몰을 짓고 있다. 그러나 이곳 주민들이 건물주와 임대차 계약에 있어서 지역 화폐인 리라로 체결하도록 명령 받은 후 통화 불균형 상태가 발생했다. "유로달러나 달러를 기준으로 하는 대출을 상환하는 비용이 거의 두 배가 되어 버렸다"라고 한 건설회사 이사가 말하고 있다. "우리가 대출금을 완전히 다 갚고 있는데도 불구하고 리라로 환산을 할 경우 우리는 이전보다 더 많은 부채를 갖게 된다."

Insight 이지경제해설

화력 및 가스 발전소에 대한 비용 상승
그 비용은 정부가 사용자에게 부과
다수가 외채 갚기에 고전
부동산 회사는 외채로 건설
계약은 이태리 리라로 상황은 달러나 유로

이태리에서 임대차 계약은 지역 화폐 리라로 하고 나중에 갚을 때는 달러나 유로 달러로 환산해서 갚는다. 환율이 때때로 변화가 일어나기 때문에 갚더라도 점점 더 부채가 늘어나는 심각한 상황에 처해 있다. 그 나라의 앞으로 경제 전망을 가늠해 볼 수 있고 지구 상의 부의 평등화가 요원하다.

Terms cipher 용어설명

coal-fired power plants 석탄을 이용한 발전소
gas-fired power plants 가스을 이용한 발전소
have faced rising costs 오르는 비용에 직면하다
is capped by the government 정부에 의해 부과되다
are struggling 고전하다
to pay back foreign currency debt 외화 부채를 갚기 위해
currency mismatch 통화 불일치
to strike rent deals 임대차 계약을 체결하다
retailers 건물업자, 소매업자

Bilingual reading : 영한 읽기

In deep debt 깊은 부채

Coal-fired and gas-fired power plants 석탄으로 불을 태우고 가스로 불을 태우는 전력 발전소가

have faced rising costs for energy imports 에너지 수입의 비용이 점점 올라가는 상황에 부딪히고

while the price that users can be charged is capped 한편, 사용자가 부담하는 징수금액은

by the government. 정부에 의해서 부과된 것이다

Many are struggling to pay back foreign currency debt. 많은 사람이 외국화폐로 외채 갚기에 고생하고 있다

Real estate companies 부동산 회사들은

used foreign loans to build shopping malls, 외채를 빌려 쇼핑몰을 짓고 있다

but now face a currency mismatch 통화 불균형 상태를 맞이하고 있다

after being ordered to strike rent deals with retailers in lira. 그러나 이곳 주민들이 건물주와 임대차 계약을 지역 화폐인 리라로 체결하도록 명령 받은 후

"The cost of paying back our euro and dollar-based loans has almost doubled," 유로달러나 달러를 기준으로 하는 대출을 상환하는 비용이 거의 두 배가 되었다

says one construction executive. 라고 한 건설회사 이사가 말하고 있다

"Even though we have been paying it off, 우리는 대출금을 완전히 다 갚는데도

we have more debt [in lira terms] than before." 불구하고 리라로 환산을 하면 우리는 이전보다 더 많은 부채를 갖게 된다."

Words for writing : 영작 구문

깊은 부채

석탄연료와 가스연료의 전력 발전소가

에너지 수입의 비용이 점점 올라가는 상황에 부딪히고

한편, 사용자가 부담하는 징수금액은

정부에 의해서 부과된 것이다

많은 사람이 외국화폐로 외채 갚기에 고생하고 있다

부동산 회사들은

외채를 빌려 쇼핑몰을 짓고 있다

통화 불균형 상태를 맞이하고 있다

그러나 이곳 주민들이 건물주와 임대차 계약을 지역 화폐인 리라로 체결하도록 명령 받은 후

유로달러나 달러를 기준으로 하는 대출을 상환하는 비용이 거의 두 배가 되었다

라고 한 건설회사 이사가 말하고 있다

우리는 대출금을 완전히 다 갚고 있는데도

불구하고 리라로 환산을 하면 우리는 이전보다 더 많은 부채를 갖게 된다.

Stock market against rally of government bond

Stock markets have enjoyed a welcome recovery this year, even as the government bond market has been signaling that the global economy is losing momentum. On Wednesday, the US Federal Reserve sided with the latter.
Global equities have gained 12 percent in 2019—the best start to a year in two decades. Yet government bonds have rallied, with the yield on the 10-year US Treasury now close to the level it was at when the Fed began lifting rate in 2015.
After raising rates four times in 2018, Fed officials have in recent weeks played down the prospect of any more as they begin to voice a caution about the economic outlook that has been prevalent in the debt market for months.

_출처 NYT

Translation

주식시장이 국채 상승과 정반대로 작용했다

재무부 국채시장이 세계적 경제활력을 어느 정도 잃어버리고 있다는 신호를 보내기는 해도 올해 주식시장은 반가운 회복을 맞이 했다. 수요일에 미 연준은 후자의 입장을 지지했다.
세계 주식은 2019년도 현재 12%가 올라서 20년 만에 새해를 시작하는 지수로서는 가장 좋았다. 하지만 정부채권도 어느 정도 반등해서 10년 거치 재무부 채권 수익이 연준이 2015년 금리를 올리기 시작했을 당시 수준에 거의 달했다. 2018년에 금리를 네 번 올린 후 연준 관리는 지난 몇 개월 동안 국채시장 전반으로 드러나는 경제전망에 대해 조심스런 목소리를 내기 시작하면서 금리인상이 더 있을 것이라는 전망을 묵살시켰다.

Insight 이지경제해설

재무부 국채시장이 활력상실 신호를 보내지만
올해 주식시장은 지금까지 회복
미국 연준도 회복입장 지지
2019년 시작은 20년만에 양호
조심스럽게 금리인상 가능성 축소

주식시장과 국채시장이 항상 같이 반등하는 것은 아니다. 주식과 국채가 동시에 반등했지만 연준에서는 이 시장을 정상으로 보지 않고 있다. 그래서 최초 금리 인상 가능성을 여러 차례 되풀이 했던 연준이 올해 금리인상 가능성에 대해서는 조심스런 반응을 보이고 있다. 이것은 미국경기와 더불어 세계경기 전망을 어느 정도 흐리게 보고 있는 이유다.

Terms cipher 용어설명

welcome recovery 기다리던 회복
losing momentum 활력을 잃다
sided with 편들다
played down 평가절하 하다, 주요성을 폄하하다
to voice a caution 조심스런 목소리를 내다
prevalent 압도적인, 전반적인
debt market 채권시장

Bilingual reading : 영한 읽기

Stock market against rally of Government bond 주식시장이 국채 상승과 정반대로 작용했다

Stock markets have enjoyed a welcome recovery this year, 주식시장이 올해 반가운 회복을 맞이 했다

even as the government bond market has been signaling 비록 재무부 국채시장이 신호를 보내고 있지만

that the global economy is losing momentum. 세계적 경제활력을 어느 정도 잃어버리고 있다는

On Wednesday, the US Federal Reserve sided with the latter. 주식시장은 수요일에 미 연준은 후자의 입장을 지지했다

Global equities have gained 12 percent in 2019 세계 주식은 2019년도 12%가 올랐고

—the best start to a year in two decades. 20년 만에 새해를 시작하는 지수로서는 가장 좋았다

Yet government bonds have rallied, 하지만 정부 채권도 어느 정도 반등해서

with the yield on the 10-year US Treasury now close to the level it was at 10년 거치 재무부 채권 수익이 수준에 거의 달했다

when the Fed began lifting rate in 2015. 2015년 연준이 금리를 올리기 시작했을 당시

After raising rates four times in 2018, 2018년에 네 번 금리를 올린 후

Fed officials have in recent weeks played down the prospect of any more 연준 관리는 금리 인상이 더 있을 것이라는 전망을 묵살시켰다

as they begin to voice a caution 조심스런 목소리를 내기 시작하면서

about the economic outlook that has been prevalent in the debt market for months 지난 몇 개월 동안 국채시장에 전반적으로 드러나는 경제전망에 대해

Words for writing : 영작 구문

주식시장이 국채 상승과 정반대로 작용했다 ______

주식시장이 올해 반가운 회복을 맞이 했다 ______

비록 재무부 국채시장이 신호를 보내고 있지만 ______

세계적 경제활력을 어느 정도 잃어버리고 있다는 ______

주식시장은 수요일에 미 연준은 후자의 입장을 지지했다

______

세계 주식은 2019년도 12%가 올랐고 ______

20년 만에 새해를 시작하는 지수로서는 가장 좋았다 ______

하지만 정부 채권도 어느 정도 반등해서 ______

10년 거치 재무부 채권 수익이 수준에 거의 달했다

______

2015년 연준이 금리를 올리기 시작했을 당시 ______

2018년에 네 번 금리를 올린 후 ______

연준 관리는 금리 인상이 더 있을 것이라는 전망을 묵살시켰다

______

조심스런 목소리를 내기 시작하면서 ______

지난 몇 개월 동안 국채시장에 전반적으로 드러나는 경제전망에 대해

______

Tentative bounce of sovereign debt and dollar

Wall Street rebounded yesterday with sovereign debt and the dollar rallying as investors digested the dovish decision delivered on Wednesday by the US Federal Reserve, which signaled no interest rate rises this year.

The Nasdaq Composite index led the bounce back, rising above 1 per cent, while both the S&P 500 and the Dow Jones Industrial Average index, which measures the currency against a basket of its peers, also advanced 0.8 per cent.

_출처 FT

Translation

국채와 달러의 잠정적 반등

올해는 금리인상이 없을 것이라는 신호를 보낸 연준이 수요일에 발표한 유화적인 결정을 두고 투자가들이 깊이 분석함에 따라 어제 미국의 국채와 달러가 반등하면서 월스트리트 주식도 반등했다.

나스닥 종합지수가 이 반등을 이끌었고 1% 이상이나 올랐으며 한편 다른 나라의 화폐 가치에 대한 달러를 측정하는 평균지수인 S&P 500과 다우존스 산업평균지수가 역시 0.8% 올랐다.

Insight 이지경제해설

국채와 달러의 불안한 반등
미 연준이 올해 금리인상 자제 신호
투자가들이 유화적 결정을 분석
나스닥, S&P 500, 다우존스 동반상승

며칠 전에 미 연준의 금년 2019년 금리인상 가능성이 없음을 확인해 줌으로써 잠정적으로 주식과 달러지수가 동반 상승했다. 그러나 이것은 좋지 못한 정치적 상황이 발생할 경우 그로 인해 지수가 또 다시 하향곡선을 그릴 수 있는 불확실성이 언제나 도사리고 있는 것이다.

Terms cipher 용어설명

rebound 반등시키다
tentative 잠정적, 불확실한
bounce 반등
sovereign debt 국채
dollar rallying 달러가치 상승
digest 분석하여 결론을 내리다
dovish decision 유화적 결정
basket of its peers 유사 비교국가의 화폐
Wall Street 미국 맨하튼에 위치한 세계금융의 중심지

Bilingual reading : 영한 읽기

Tentative bounce of sovereign debt and dollar 국채와 달러의 잠정적 반등

Wall Street rebounded 월스트리트 주식도 반등했다

yesterday with sovereign debt and the dollar rallying 어제 미국의 국채와 달러가 반등하면서

as investors digested the dovish decision 유화적인 결정을 투자가들이 깊이 분석함에 따라

delivered on Wednesday by the US Federal Reserve, 연준이 수요일에 발표한

which signaled no interest rate rises this year. 올해는 금리인상이 없을 것이라는 신호를 보낸

The Nasdaq Composite index led the bounce back, 나스닥 종합지수가 이 반등을 이끌었고

rising above 1 per cent, 1% 이상이나 올랐으며

while both the S&P 500 and the Dow Jones Industrial Average index, 한편 S&P500과 다우존스 산업평균지수가

which measures the currency against a basket of its peers, 즉 다른 나라의 화폐 가치에 대한 달러를 측정하는 평균지수인

also advanced 0.8 per cent. 역시 0.8% 올랐다

Words for writing : 영작 구문

국채와 달러의 잠정적 반등 ______________________

월스트리트 주식도 반등했다 ______________________

어제 미국의 국채와 달러가 반등하면서 ______________________

유화적인 결정을 투자가들이 깊이 분석함에 따라 ______________________

연준이 수요일에 발표한 ______________________

올해는 금리인상이 없을 것이라는 신호를 보낸 ______________________

나스닥 종합지수가 이 반등을 이끌었고 ______________________

1% 이상이나 올랐으며 ______________________

한편 S&P 500과 다우존스 산업평균지수가

____

즉 다른 나라의 화폐 가치에 대한 달러를 측정하는 평균지수인

____

역시 0.8% 올랐다 ______________________

Chinese digital hurdles

China is refusing to budge on US demands that it relax its restrictions on digital trade — a priority for America's largest technology companies and one of several remaining obstacles to an agreement between Washington and Beijing.
According to three people briefed on the talks, China has yet to offer meaningful concessions on US requests that it end discrimination against foreign cloud computing providers, curb requirements for companies to store data locally and loosen limits on the transfer of data overseas.

_출처 FT

Translation

중국 전자거래 규제

중국은 전자거래 규제를 완화시켜야 된다는 미국 요구에 조금도 움직이려 하지 않고 있다. 즉, 이것은 미국의 가장 큰 기술회사들의 최우선 과제이면서 워싱턴과 베이징 간 합의에 남아 있는 장애물 중 하나다.
중미 협상에 관련되어 있는 세 사람의 이야기에 의하면, 중국은 외국 클라우드 컴퓨터 제공업체에 대한 차별대우를 중단, 회사들이 중국 국내에서만 데이터를 저장해야 한다는 제한규정과 해외에 전송하는데 대한 제한조치를 완화시켜야 된다는 미국 요구에 대한 의미 있는 양보를 내놓지 않았다고 한다.

Insight 이지경제해설

중국이 미국 요구에 불응
중미 합의에 남은 중국측 장애물
외국 컴퓨터 제공업체 차별 중단
중국 내 자료저장 제한 규정 완화
해외 전송 자료 제한 조치 완화

중미 통상거래의 핵심은 중국이 미국의 전자 기술에 대한 국내 차별대우이다. 미국이 원하는 것은 우선 이것을 해제 시키라는 것이다. 그러면 중국의 전자제품도 미국에서 받아들이겠다는 제안인데 중국이 이에 전혀 양보하지 않고 있다. 이 문제가 중미관계에 가장 큰 걸림돌이 되고 있다.

Terms cipher 용어설명

digital hurdle 전자 규제
refuse 거절하다
budge on 조금씩 움직이다
restriction 규제
digital trade 전자거래
priority 최우선 과제
obstacles 장애
to an agreement 합의에 대한
meaningful concession 의미 있는 양보

Bilingual reading : 영한 읽기

Chinese digital hurdles 중국 전자거래 규제

China is refusing to budge 중국은 조금도 움직이려 하지 않고 있다

on US demands that it relax its restrictions on digital trade 전자거래 규제를 완화시키라는 미국 요구에

— a priority for America's largest technology companies 즉, 이것은 미국의 가장 큰 기술 회사들의 최우선 과제이면서

and one of several remaining obstacles to an agreement between Washington and Beijing. 워싱턴과 베이징 간에 합의에 남아 있는 장애물 중 하나다

According to three people briefed on the talks, 중미 협상에 관련되어 있는 세 사람의 이야기에 의하면

China has yet to offer 중국은 내놓지 않았다고 한다

meaningful concessions on US requests 미국 요구에 대한 의미 있는 양보를

that it end discrimination 중국이 차별 대우를 중단하는

against foreign cloud computing providers, 외국 클라우드 컴퓨터 제공업체에 대한

curb requirements for companies to store data locally 회사들이 중국 국내에서만 데이터를 저장해야 하는 제한규정

and loosen limits on the transfer of data overseas. 회사들이 자료를 해외에 전송하는데 대한 제한 조치를 완화시켜야 된다는

Words for writing : 영작 구문

중국 전자거래 규제

중국은 조금도 움직이려 하지 않고 있다

전자거래 규제를 완화시키라는 미국 요구에

즉, 이것은 미국의 가장 큰 기술 회사들의 최우선 과제이면서

워싱턴과 베이징 간에 합의에 남아 있는 장애물 중 하나다

중미 협상에 관련되어 있는 세 사람의 이야기에 의하면

중국은 내놓지 않았다고 한다

미국 요구에 대한 의미 있는 양보를

차별 대우를 중단하는

중국이 외국 클라우드 컴퓨터 제공업체에 대한

회사들이 중국 국내에서만 데이터를 저장해야 하는 제한규정

회사들이 자료를 해외에 전송하는데 대한 제한 조치를 완화시켜야 된다는

Global jittery sign of economic slowdown

Fears of a deepening economic slowdown rattled global financial markets yesterday as stocks fell, German government bond yields turned negative and a widely followed US Treasury market indicator raised fears of a recession.

_출처 FT

Translation

경기 침체에 대한 국제 불안 조짐

경기침체 분위기가 깊어짐에 따라 글로벌 금융시장도 불안해졌다. 주식이 하락하면서 발표된 미국 재무부 시장지표가 불황의 두려움을 더욱 가중시켰고 이에 뒤이어 독일정부 국채수익률도 마이너스로 접어들었다.

Insight 이지경제해설

경제에 대한 국제적 불안 조짐
경기우려 분위기 전염
두려움이 금융시장을 흔들어 주식가 폭락
미국 재무부 시장 지표 불황
이어 독일국채 수익률 마이너스

미국 재무부 경기지표에서는 이미 빨간 불이 켜졌다. 이에 독일 국채 수익률이 마이너스로 돌아서고 주식도 지표가 떨어졌다. 이는 국제적인 경기침체의 조짐이다.

Terms cipher 용어설명

jittery sign 불안한 조짐
economic slowdown 경기둔화
rattled 덜거덕거리는 소리를 내다, 불안한, 뒤흔들다
as stocks fell 주식이 떨어짐에 따라
widely followed 전반적으로 뒤에 이어졌다
yields turned negative 수익률이 마이너스로 돌아서다
fears of a recession 침체 조짐

Bilingual reading : 영한 읽기

Global jittery sign of economic slowdown 경기 침체에 대한 국제 불안 조짐

Fears of a deepening economic slowdown 경기 침체가 깊어짐에 따라

rattled global financial markets yesterday 어제 글로벌 금융시장에도 불안해졌다

as stocks fell, 주식이 하락하면서

German government bond yields 독일 정부 국채 수익률도

turned negative 마이너스로 돌아섰고

and a widely followed US Treasury market indicator 발표된 미국 재무부 시장 지표에 이어 전반적으로

raised fears of a recession. 불황의 두려움을 더욱 가중시켰다

Words for writing : 영작 구문

경기 침체에 대한 국제 불안 조짐 ______

경기 침체가 깊어짐에 따라 ______

어제 글로벌 금융시장에도 불안해졌다 ______

주식이 하락하면서 ______

독일 정부 국채 수익률도 ______

마이너스로 돌아섰고 ______

미국 재무부 시장 지표가 발표된 데에 이어 ______

불황의 두려움을 더욱 가중시켰다 ______

Carbon dioxide to a record high

The Paris-based International Energy Agency said energy demand rose 2.3 per cent last year — its fastest rate since 2010 — and that the growth was met mainly by fossil fuels. That pushed global emissions of carbon dioxide to a record high of 33bn tonnes in 2018, up 1.7 per cent from the previous year.

_출처 FT

Translation

이산화탄소 방출 최고 기록

파리에 있는 국제 에너지 에이전시가 작년에 에너지 수요가 2.3% 올랐다고 밝혔다. 이는 2010년 이래 가장 빠른 증가율이었고 그와 같은 에너지 수요 증가를 주로 석유가 주도했다는 것이다. 그것으로 2018년도는 전년도에 비교해서 이산화탄소 방출을 1.7% 늘어난 3백3십억 톤이라는 최고 기록으로 밀어 올렸다.

Insight 이지경제해설

파리 주재 국제 에너지기구 발표
전년 대비 2.3% 에너지 수요 증가
2010년 이래 최고 빠른 증가속도
주로 화석연료 석유가 주도
최고 기록 갱신

2018년도에 에너지 수요가 크게 늘어나면서 이산화탄소 방출량이 최고치를 갱신했는데 그 가운데 석유가 이를 주도했다.

Terms cipher 용어설명

growth was met mainly by 증가는 주로 이것에 의해 주도했다
emissions of carbon dioxide 이산화탄소 방출
fossil fuels 화석연료, 석유
Paris-based 프랑스 파리에 본부를 둔
International Energy Agency 국제 에너지 기구
global emissions 국제적인 가스 방출
emissions of carbon dioxide 이산화탄소 방출
pushed something to a record high 무엇을 최고 기록으로 밀어 올리다

Bilingual reading : 영한 읽기

Carbon dioxide to a record high 이산화탄소 방출 최고 기록

The Paris-based International Energy Agency 파리에 있는 국제 에너지 에이전시가

said energy demand rose 2.3 per cent last year 에너지 수요가 작년에 2.3%가 올랐다고 말했다

— its fastest rate since 2010 — 즉, 2010년 이래 가장 빠른 증가율이었다고 밝혔고

and that the growth was met mainly by fossil fuels. 그와 같은 에너지 수요증가는 주로 석유가 주도했다는 것이다

That pushed global emissions of carbon dioxide 그것은 이산화탄소 방출을 밀어 올렸다

to a record high of 33bn tonnes in 2018, 2018년도에 3백3십억톤 늘어난 최고 기록까지

up 1.7 per cent from the previous year. 전년도에 비교해서 1.7%가 늘어난

Words for writing : 영작 구문

이산화탄소 방출 최고 기록 ______

파리에 있는 국제 에너지 에이전시가 ______

에너지 수요가 작년에 2.3%가 올랐다고 말했다 ______

즉, 2010년 이래 가장 빠른 증가율이었다고 밝혔고 ______

그와 같은 에너지 수요증가는 주로 석유가 주도했다는 것이다

______

그것은 이산화탄소 방출을 밀어 올렸다 ______

2018년도에 3백3십억톤 늘어난 최고 기록까지 ______

전년도에 비교해서 1.7%가 늘어난 ______

Europe at odds with Washington

The European Commission will this week call for the bloc to provide data to help map and close possible vulnerabilities if it chooses Huawei or other Chinese suppliers to build critical communications systems, diplomats say.
The move is in line with the national strategies of many EU member states but at odds with pressure from Washington to shut out Chinese companies from sensitive areas of electronic infra-structure. US officials have warned that a European embrace of Huawei could undermine transatlantic military and intelligence co-operation.

_출처 FT

Translation

유럽이 워싱턴과 충돌하다

유럽 위원회는 이번 주 EU 회원국가들에게 지도를 그리는데 도움이 되는 자료를 제공하라고 요청할 것이다. 또한 만약 EU가 중국 화웨이나 다른 중국 공급업체를 선택하여 주요 통신시설을 구축한다면 거기에 발생할 수 있는 취약점을 될 수 있는 대로 막을 수 있는 데이터를 내놓으라고 요구할 것이라고 외교계에서 밝히고 있다.
이런 움직임은 많은 EU 회원국가의 국가적 전략과 일치하지만 전자 인프라 구축이라는 이런 예민한 분야에서 중국 회사들을 저지시키려고 하는 워싱턴의 압력과는 서로 상충된다. 미국의 관리들은 유럽이 화웨이를 받아들인다면 이는 미국과 유럽 환대서양 군사정보 상호협력 관계를 훼손할 수 있다고 경고했다.

Insight 이지경제해설

유럽 위원회가 회원국에게 자료요청 계획
EU가 중국업체로 통신구축 대비
EU의 전략적 움직임
중국회사를 저지하려는 미국과 대립
유럽 환대서양 정보협력 훼손을 미국이 우려

유럽의 향후 선택과 미국이 전 세계를 바라보는 미래 정책이 이미 벌써 극으로 나뉘어 편을 가르고 있다. 상호간의 이해관계에 따라서 협력할 수도 있고 충돌을 할 수도 있는 대륙으로 갈라질 수도 있다. 북미와 유럽 대륙간 동조에서 편을 가르는 상황으로 바뀐 것이다.

Terms cipher 용어설명

bloc EU회원국
help map 지도를 그리는데 돕다
close possible vulnerabilities 취약점의 가능성을 막다
critical communications systems 주요 통신시설 시스템
A is in line with B A와 B는 서로 일치하다
A is at odds with B A와 B는 서로 갈등을 빚다, 상충하다
Transatlantic 환대서양, 미국과 유럽
European embrace of Huawei 유럽이 화웨이를 받아들이다

Bilingual reading : 영한 읽기

Europe at odds with Washington 유럽이 워싱턴과 충돌하다

The European Commission will this week call for 유럽 위원회는 이번 주 요구할 것이다

the bloc to provide data EU 회원국가들이 데이터를 제공해주도록

to help map 지도 그리기를 돕고

and close possible vulnerabilities 거기에 발생할 수 있는 취약점을 될 수 있는 대로 막을 수 있게 해 줄 수 있는

if it chooses Huawei or other Chinese suppliers to build critical communications systems, 만약 EU가 중국 화웨이나 다른 중국 공급업체를 선택하여 주요 통신시설을 구축한다면

diplomats say. 라고 외교계에서 밝히고 있다

The move is in line with the national strategies of many EU member states 이런 움직임은 많은 EU 회원국가의 국가적 전략과 일치하며

but at odds with pressure from Washington to shut out Chinese companies from sensitive areas of electronic infra-structure. 그러나 전자 인프라 구축이라는 이런 예민한 분야에서 중국 회사들을 저지시키려고 하는 워싱턴의 압력과는 서로 상충된다

US officials have warned 미국의 관리들은 경고했다

that a European embrace of Huawei 유럽이 화웨이를 껴안는다면

could undermine transatlantic military and intelligence co-operation. 이는 미국과 유럽 환대서양 군사정보 상호협력 관계를 훼손할 수 있다고

Words for writing : 영작 구문

유럽이 워싱턴과 충돌하다

유럽 위원회는 이번 주 요구할 것이다

EU 회원국가들이 데이터를 제공해주도록

지도 그리기를 돕고

거기에 발생할 수 있는 취약점을 될 수 있는 대로 막을 수 있게 해 줄 수 있는

만약 EU가 중국 화웨이나 다른 중국 공급업체를 선택하여 주요 통신시설을 구축한다면

외교계에서 밝히고 있다

이런 움직임은 많은 EU 회원국가의 국가적 전략과 일치하며

그러나 전자 인프라 구축이라는 이런 예민한 분야에서 중국 회사들을 저지시키려고 하는 워싱턴의 압력과는 서로 상충된다

미국의 관리들은 경고했다

유럽이 화웨이를 껴안는다면

이는 미국과 유럽 환대서양 군사정보 상호협력 관계를 훼손할 수 있다고

Recycle of brown paper

Sales of brown paper slowed after the Christmas e-commerce rush, but industry analysts say the conditions are still ripe for long-term growth. That's where China comes in. Until early last year, much of the used cardboard consumed in the United States was being shipped to China, where it was recycled into new boxes.
Then in January 2018, China stopped accepting most used cardboard imports. The material was mixed with so much trash and food contamination that it was causing serious environmental issues.

_출처 NYT

Translation

포장지 재활용

크리스마스 전자 통상거래가 활성화 된 후에 포장지 판매가 줄었다. 하지만 산업체 전문가들은 포장지 판매조건은 장기적으로 더욱 성장할 것으로 말하고 있다. 여기에 바로 중국이 끼어들었다. 작년 초까지만 하더라도 미국에서 사용된 마분지 대부분이 중국으로 실려가서 그곳에서 새로운 박스로 재생되었다.
2018년 1월 당시에 중국은 대부분 사용된 마분지 수입을 더 이상 받아들이지 않기로 했다. 이것이 쓰레기와 음식 오염물과 혼합되어 심각한 환경문제를 야기시키게 되었다.

Insight 이지경제해설

전자 상거래 활성으로 포장지 판매가 감소
전문가는 포장지 판매가 장기적으로 성장 전망
중국이 바로 여기에 끼어들 계획
미국에서 사용된 마분지를 박스로 재생하던 중국이 이를 중단
이로 인해 쓰레기가 오염물과 혼합되어 환경문제 야기

지금까지 중국은 미국에서 사용된 종이나 포장지를 수입하여 새롭게 박스로 재생시켰다. 하지만 중국이 더 이상 세계 쓰레기를 받지 않겠다고 선언하면서 그 동안 중국에서 처리해주던 사용된 종이류가 환경의 오염물질이 되고 있다.

Terms cipher 용어설명

brown paper 포장지
recycle 재활용, 재생
e-commerce rush 전자통신 거래 활성화
ripe for 무르익었다
stopped accepting 수용을 중단하다
material was mixed with so much trash 물질이 쓰레기와 많이 섞여서
so much ~ that 너무나 많아서 결과적으로 이렇게 되다
it was causing serious issues 심각한 이슈를 야기하다

Bilingual reading : 영한 읽기

Recycle of brown paper 포장지 재활용

Sales of brown paper slowed 포장지 판매가 줄었다

after the Christmas e-commerce rush, 크리스마스 전자 통상거래가 활성화 된 후

but industry analysts say 하지만 산업체 전문가들은 말하고 있다

the conditions are still ripe for long-term growth. 포장지 판매 조건은 장기적으로 더욱 성장할 것으로

That's where China comes in. 여기에 바로 중국이 끼어들었다

Until early last year, 작년 초까지만 하더라도

much of the used cardboard consumed in the United States 미국에서 사용된 마분지 대부분이

was being shipped to China, 중국으로 실려가서

where it was recycled into new boxes. 그곳에서 새로운 박스로 재생되었다.

Then in January 2018, 2018년 1월 당시

China stopped accepting most used cardboard imports. 중국이 대부분 사용된 마분지 수입을 더 이상 받아들이지 않기로 했다

The material was mixed with so much trash and food contamination 이것이 쓰레기와 음식 오염물과 혼합되어

that it was causing serious environmental issues. 심각한 환경문제를 야기시키게 되었다

Words for writing : 영작 구문

포장지 재활용 ______________________

포장지 판매가 줄었다 ______________________

크리스마스 전자 통상거래가 활성화 된 후 ______________________

하지만 산업체 전문가들은 말하고 있다 ______________________

포장지 판매 조건은 장기적으로 더욱 성장할 것으로 ______________________

여기에 바로 중국이 끼어들었다 ______________________

작년 초까지만 하더라도 ______________________

미국에서 사용된 마분지 대부분이 ______________________

중국으로 실려가서 ______________________

그곳에서 새로운 박스로 재생되었다 ______________________

2018년 1월 당시 ______________________

중국이 대부분 사용된 마분지 수입을 더 이상 받아들이지 않기로 했다

____

이것이 쓰레기와 음식 오염물과 혼합되어 ______________________

심각한 환경문제를 야기시키게 되었다 ______________________

Less definitive statements by special counsel

Attorney General William P. Barr's summary on Sunday of the special counsel investigation keeps the impeachment of President Trump off the table, at least for now, but Democrats vowed to push forward with investigations into every aspect of the presidency and for access to the full report of the special counsel, Robert S. Mueller III.
Although Democrats did not dispute Mr. Mueller's conclusion that Mr. Trump and his campaign did not conspire with Russia to influence the 2016 election, they moved quickly to seize on less definitive statements made by Mr. Mueller and Mr. Barr on whether the president obstructed justice.

_출처 NYT

Translation

명확성이 적은 특별검사의 보고

특별검사 수사에 관하여 일요일에 발표된 검찰총장 P. 바의 보고서는 트럼프 대통령의 탄핵을 일단 책상에서 내려놓게 했다. 적어도 지금으로서는 그렇다. 하지만 하원 민주당의원들은 대통령 직책에 대한 모든 구석구석까지 또 특별검사 뮬러 보고서 전문에 대한 내용에 이르기까지 모든 수사를 계속 진행시키겠다고 언급했다. 민주당 의원들은 트럼프와 그의 선거운동이 2016년도 선거에 영향을 주기 위하여 러시아와 음모하지 않았다는 뮬러 결론에 반박하지는 않았지만 그들은 재빨리 뮬러에 의해 제출된 좀 확실하지 못한 언급과 대통령이 사법부를 방해 했는지 아닌지에 대한 불확실한 언급에 대해서도 진상을 파악하기 시작했다.

Insight 이지경제해설

특별검사 수사 보고서는 탄핵을 배제
하원 민주당은 수사 진행 언급
특별검사 뮬러의 결론에 반박 자제
러시아 음모 및 사법부 방해 여부
불확실한 보고서에 대한 진상파악 의지

특별검사의 결과보고에 대하여 미 의회와 국민들이 불신을 표명했다.

Terms cipher 용어설명

definitive statements 결정적 주장, 명확한, 확실한, 최종적인
special counsel 특별검사
keeps something off the table 무엇을 논쟁에서 제쳐놓다
keeps something on the table 무엇에 대한 논쟁을 하다, 심의하다
push forward with 계속 추진하다
for access to the full report 보고서 전문을 파악하다
conclusion that 무엇에 대한 결론
conspire with 음모하다
obstructed justice 사법부를 방해하다

Bilingual reading : 영한 읽기

Less definitive statements by special counsel 명확성이 적은 특별검사의 보고

Attorney General William P. Barr's summary on Sunday of the special counsel investigation 특별검사 수사에 관한 일요일 발표된 검찰총장 윌리엄 P. 바의 보고서는

keeps the impeachment of President Trump off the table, 트럼프 대통령의 탄핵을 일단 책상에서 내려놓게 했다

at least for now, 적어도 지금으로서는 그렇다

but Democrats vowed to push forward with investigations 하지만 하원 민주당 의원들은 모든 수사를 계속 진행시키겠다고 언급했다

into every aspect of the presidency 대통령 직책에 대한 모든 구석구석까지

and for access to the full report of the special counsel, Robert S. Mueller III. 또 특별검사 뮬러 보고서 전문에 대한 접근에 이르기까지

Although Democrats did not dispute Mr. Mueller's conclusion 민주당 의원들은 뮬러 결론에 반박하지는 않았지만

that Mr. Trump and his campaign did not conspire with Russia to influence the 2016 election, 트럼프와 그의 선거운동이 2016년도 선거에 영향을 주기 위하여 러시아와 음모하지 않았다는

they moved quickly to seize 그들은 재빨리 진상을 파악하기 시작했다

on less definitive statements made by Mr. Mueller 뮬러에 의해 제출된 좀 확실하지 못한 언급과

and Mr. Barr on whether the president obstructed justice. 대통령이 사법부를 방해했는지 않았는지 이에 대한 불확실한 언급에 대해서도

Words for writing : 영작 구문

명확성이 적은 특별검사의 보고

특별검사 수사에 관한 일요일 발표된 검찰총장 윌리엄 P. 바의 보고서는

트럼프 대통령의 탄핵을 일단 책상에서 내려놓게 했다

적어도 지금으로서는 그렇다

하지만 하원 민주당의원들은 모든 수사를 계속 진행시키겠다고 언급했다

대통령 직책에 대한 모든 구석구석까지

또 특별검사 뮬러 보고서 전문에 대한 접근에 이르기까지

민주당 의원들은 뮬러 결론에 반박하지는 않았지만

트럼프와 그의 선거운동이 2016년도 선거에 영향을 주기 위하여 러시아와 음모하지 않았다는

그들은 재빨리 진상을 파악하기 시작했다

뮬러에 의해 제출된 좀 확실하지 못한 언급과

대통령이 사법부를 방해했는지 않았는지 이에 대한 불확실한 언급에 대해서도

Impact of weaker global economy on interest rate

Inflation across emerging markets has tumbled to its lowest level in a decade, prompting central banks to cut interest rates in a sharp reversal from the trend of last year.
Weaker economic growth has already persuaded the US Federal Reserve to drop its forecasts for interest rate rises this year, opening the door for the likes of India, Egypt and Azerbaijan to lower borrowing costs.
A softer economic backdrop has squeezed price pressures, with inflation across emerging economies falling to 3.2 per cent, a level not seen since 2009, according to Capital Economics.

_출처 FT

Translation

국제경제 약화가 금리에 미치는 영향

개발도상국 시장 전반에 걸친 물가상승률이 12년만에 최저 밑바닥으로 떨어졌기 때문에 중앙은행으로 하여금 작년 추세와는 정반대로 금리를 내리게 했다.
경제 성장이 약화됨에 따라 미국 연준도 금년에는 금리 인상에 대한 최초 전망을 포기했는데 이는 인도, 이집트, 아절바이잔 같은 나라들을 위하여 차관비용을 될 수 있는 대로 적게 부담시키는 계기가 되었다.
경제적 배경이 완화됨으로 해서 개발도상국 경제권 전반에 물가상승률이 3.2% 즉, 2009년 이래 보지 못했던 수준이 되어 물가 압력을 없애버렸다고 캐피털 이코노믹스에서 밝혔다.

Insight 이지경제해설

개도국 물가상승률이 12년만에 최저수준
이에 중앙은행이 금리를 하향
따라서 개도국 차관비용에 대한 부담 저하
경제적 배경 완화로 물가압력 배제
경제약화가 금리에 영향을 미치는 결과

국제적인 경기전망은 각국의 금리 정책에 영향을 끼친다. 2019년 불투명한 경기전망이 미국연준 금리인상 계획을 무산시켰다. 앞으로 많은 돈이 어느 쪽으로 흐를지 관심사다.

Terms cipher 용어설명

tumbled to its lowest level 바닥 수준으로 떨어지다
prompt something to do 무엇을 무엇 하게 만들다
sharp reversal 완전 정반대
weaker economic growth 경제성장이 전보다 약화
opening the door ~ to 무엇을 하게 문을 열어주다
borrowing costs 차관비용, 대출비용
level not seen since 그 이래 한번도 본적이 없는 수준
emerging market 개발도상국 시장

Bilingual reading : 영한 읽기

Impact of weaker global economy on interest rate 국제경제 약화가 금리에 미치는 영향

Inflation across emerging markets 개발도상국 시장 전반에 걸친 물가상승률이

has tumbled to its lowest level in a decade, 12년 만에 최저 밑바닥으로 떨어졌고

prompting central banks to cut interest rates 이는 중앙은행으로 하여금 금리를 깎아 내리게 했다

in a sharp reversal from the trend of last year. 작년 추세와는 정 반대로

Weaker economic growth 경제 성장이 약화됨으로 해서

has already persuaded the US Federal Reserve to drop its forecasts for interest rate rises this year, 미국 연준도 금년에는 금리 인상에 대한 최초 전망을 포기하게 했고

opening the door for the likes of India, Egypt and Azerbaijan to lower borrowing costs. 이는 인도 이집트 아절바이잔 같은 나라들을 위하여 차관비용을 될 수 있는 대로 적게 부담시키는 계기가 되었다

A softer economic backdrop has squeezed price pressures, 경제적 배경이 완화됨으로 해서 물가 압력을 없애버렸다

with inflation across emerging economies falling to 3.2 per cent, 개발도상국 경제권 전반에 물가상승률이 3.2%로

a level not seen since 2009, 즉, 2009년 이래 보지 못했던 그런 수준이 되어

according to Capital Economics. 라고 캐피털 이코노믹스에서 밝혔다

Words for writing : 영작 구문

국제경제 약화가 금리에 미치는 영향

개발도상국 시장 전반에 걸친 물가상승률이

12년 만에 최저 밑바닥으로 떨어졌고

이는 중앙은행으로 하여금 금리를 깎아 내리게 했다

작년 추세와는 정 반대로

경제 성장이 약화됨으로 해서

미국 연준도 금년에는 금리 인상에 대한 최초 전망을 포기하게 했고

이는 인도 이집트 아절바이잔 같은 나라들을 위하여 차관비용을 될 수 있는 대로 적게 부담시키는 계기가 되었다

경제적 배경이 완화됨으로 해서 물가 압력을 없애버렸다

개발도상국 경제권 전반에 물가상승률이 3.2%로

2009년 이래 보지 못했던 그런 수준이 되어

캐피털 이코노믹스에서 밝혔다

Rush of US technical group listing

A rush of US tech listings in the coming months has highlighted the battle between the New York Stock Exchange and Nasdaq to be the venue of choice for a vital segment of the US economy.
Ride-hailing app Lyft is expected to go public this Friday, while Uber, Airbnb and Pinterest are among other big-name tech groups set to offer shares to the public.

_출처 FT

Translation

미국 기술회사가 앞다투어 주식공개

앞으로 오는 몇 개월 동안 미국 기술회사가 대거 IPO에 나서면서 뉴욕증시와 나스닥 사이에 누가 미국 경제의 핵심적 방향지표가 될지 싸움이 격화되고 있다.
승객환영 앱 Lyft는 이번 금요일에 IPO에 상장할 것으로 생각하고 Uber, Airbnb and Pinterest도 일반대중에게 그들 주식을 공개하기로 결정한 다른 큰 기술회사들이다.

Insight 이지경제해설

미국 기술회사의 향방
앞다투어 주식공개
뉴욕증시와 나스닥 경쟁 예상
택시회사 Lyft 기업공개에 이어
Uber, Airbnb, Pinterest 주식공개 결정

세계 경기가 밝지 않지만 인플레 비율이 어느 정도 안정되고 금리인상 계획도 일단 미뤄지면서 큰손들이 가지고 있는 자금의 많은 부분이 주식시장으로 흘러 들어갈 가능성이 있다.

Terms cipher 용어설명

tech listings 기술회사 IPO, 기술회사 상장
IPO: initial public offering 기업공개, 상장
Ride-hailing app Lyft 승객환영 택시회사 앱 Lyft
go public 주식을 공개하다
offer shares to the public 주식을 일반에게 상장하다, 제공하다
set to offer 공개할 예정이다
venue 현장, 입장
vital segment 중요한 부문, 영역

Bilingual reading : 영한 읽기

Rush of US technical group listing 미국 기술회사가 앞다투어 주식공개

A rush of US tech listings in the coming months 앞으로 오는 몇 개월 동안 미국 기술회사가 대거 IPO에 나서면서

has highlighted the battle 싸움이 격화되고 있다

between the New York Stock Exchange and Nasdaq 뉴욕증시와 나스닥 사이에

to be the venue of choice for a vital segment of the US economy. 누가 미국 경제의 핵심적 방향지표가 될지

Ride-hailing app Lyft is expected to go public this Friday, 승객환영 앱 Lyft는 이번 금요일에 IPO에 상장할 것으로 생각하고

while Uber, Airbnb and Pinterest 한편, Uber, Airbnb and Pinterest도

are among other big-name tech groups set to offer shares to the public. 일반대중에게 그들의 주식을 공개하기로 결정한 또 다른 대형 기술회사들이다.

Words for writing : 영작 구문

미국 기술회사가 앞다투어 주식공개 ______________________

앞으로 오는 몇 개월 동안 미국 기술회사가 대거 IPO에 나서면서 ______________________

뉴욕증시와 나스닥 사이에 싸움이 격화되고 있다 ______________________

누가 미국 경제의 핵심적 방향지표가 될지 ______________________

승객환영 앱 Lyft는 이번 금요일에 IPO에 상장할 것으로 생각하고 ______________________

한편, Uber, Airbnb and Pinterest도 ______________________

일반대중에게 그들의 주식을 공개하기로 결정한 또 다른 대형 기술회사들이다 ______________________

Consequential impact of global growth

US stocks marched higher yesterday following gains in European shares as fears about global growth appeared to subside.
The S&P 500 index climbed as much as 1.1 per cent in early trade. Every main sector registered gains, led by energy, which advanced 1.5 per cent, and healthcare, up 1 per cent.

_출처 FT

Translation

세계 경제성장의 영향

미국 주식이 세계의 경제성장에 대한 두려움이 어느 정도 가심에 따라 유럽 주식지수가 오르면서 전날보다 고공행진을 했다.
S&P 500 지수가 오전 거래에서 1% 정도가 올랐다. S&P에 등록된 에너지 부분이 주도하는 주요 종목들이 플러스를 기록했는데 에너지가 1.5%가 오르고 건강보험 부분이 1% 상승했다.

Insight 이지경제해설

세계 경제성장 두려움 완화
유럽주식 상승
S&P 500 지수가 오전 거래에서 상승
에너지 부분 주도 주요 종목 상승
에너지와 건강보험 상승

금년도는 예상과 달리 세계 경제성장 두려움이 많이 해소되어 그에 대한 사인으로 뉴욕증시와 유럽 주식시장에 플러스 요인이 되었다. 올해 지금까지 가장 주목할 분야는 석유에너지가 주식가를 주도 했다는 사실이다. 그 이유는 인위적인 이유로 이란과 베네수엘라가 미국 제재로 인해 석유생산량이 현재 수요량을 제대로 공급하지 못한 상황의 반영이라고 볼 수 있다.

Terms cipher 용어설명

marched higher 고공행진 하다
consequential impact 결과로서 일어나는 영향
stocks gains 주식 상승
following gains in European shares 유럽주식 지수가 오른 데 뒤이어
subside 줄어들다
main sector registered 등록된 주요분야
led by energy 에너지에 의한 주도
advance 오르다, 진행하다

Bilingual reading : 영한 읽기

Consequential impact of global growth 세계 경제성장의 영향

US stocks marched higher yesterday 미국 주식이 전날보다 고공행진을 했다

following gains in European shares 유럽 주식지수가 오르면서

as fears about global growth appeared to subside. 세계적인 경제성장에 대한 두려움이 어느 정도 가심에 따라

The S&P 500 index climbed S&P 500 지수가 올랐다

as much as 1.1 per cent in early trade. 오전 거래에서 1.1% 정도가

Every main sector registered gains, led by energy, S&P에 등록된 에너지 부분 주도의 주요 종목들이 플러스를 기록했고

which advanced 1.5 per cent, and healthcare, up 1 per cent. 에너지가 1.5%가 오르고 건강보험 부분은 1%가 상승했다.

Words for writing : 영작 구문

세계 경제성장의 영향

미국 주식이 전날보다 고공행진을 했다

유럽 주식지수가 오르면서

세계적인 경제성장에 대한 두려움이 어느 정도 가심에 따라

S&P 500 지수가 올랐다

오전 거래에서 1.1% 정도가

S&P에 등록된 에너지 부분 주도의 주요 종목들이 플러스를 기록했고

에너지가 1.5%가 오르고 건강보험 부분은 1%가 상승했다

Software system failed

During flight simulations recreating the problems with the doomed Lion Air plane, pilots discovered that they had less than 40 seconds to override an automated system on Boeing's new jets and avert disaster.
The pilots tested a crisis situation similar to what investigators suspect went wrong in the Lion
Air crash in Indonesia last fall. In the tests, a single sensor failed, setting off software designed to help prevent a stall.

_출처 FT

Translation

기체 소프트웨어 오작동

보잉의 라이온 에어플레인의 문제점을 재현시키는 컴퓨터 비행시연 동안 기장들은 보잉의 새로운 제트여객기에 장착된 자동제어장치를 매뉴얼로 조작하여 이 재난을 피할 수 있도록 하는 시간이 불과 40초도 안되었다는 사실을 확인했다. 이번에 조종사들은 지난 가을에 인도네시아에서 라이온 에어 보잉기 추락사고의 원인이 되지 않았을까라고 수사관들이 의심하고 있는 비슷한 위기 상황을 실험했다. 이 실험에서 센서 하나가 작동되지 않았고 그래서 멈춤 방지에 도움을 주기 위해서 만들어진 컴퓨터 시스템이 작동되었던 것이다.

Insight 이지경제해설

문제파악을 위한 컴퓨터 비행시연
수사관의 의심과 유사상황 실험
재난회피 불과 40초 가능 확인
센서 작동 불능 상태
이에 멈춤 방지용 자동시스템 작동

비행실험에서 보잉기의 자동제어장치 컴퓨터 시스템의 작동이 실패했다. 보잉사는 기계 시스템을 업그레이드 하겠다고 하지만 이미 346명의 인명피해를 입은 항공계에서는 받아들이기 어렵다.

Terms cipher 용어설명

flight simulations 비행시연
override 다른 프로그램으로 바꾸다
automated system 자동화된 제어장치
avert disaster 재난을 피하다
a crisis situation similar to 무엇과 유사한 위기 상황
a single sensor failed 단일 세서 작동 실패
to help prevent a stall 멈춤 방지를 돕는, 멈춤 방지 보조용
probe failed 입증 실패
set off 작동을 시작하다

Bilingual reading : 영한 읽기

Software system failed 기체 소프트웨어 오작동

During flight simulations recreating the problems with the doomed Lion Air plane, 보잉의 라이온 에어플레인의 문제점을 재현시키는 컴퓨터 비행 시연 동안

pilots discovered that 기장들은 사실을 확인했다

they had less than 40 seconds 시간이 불과 40초도 안되었다는

to override an automated system on Boeing's new jets and avert disaster. 보잉의 새로운 제트 여객기에 장착된 자동제어장치를 매뉴얼로 조작하여 이 재난을 피할 수 있도록 하는

The pilots tested a crisis situation similar 조종사들은 비슷한 위기 상황을 실험했다

to what investigators suspect went wrong in the Lion Air crash in Indonesia last fall. 수사관들이 지난 가을에 인도네시아에서 라이온 에어 보잉기에서 추락해서 사고의 원인이 되지 않았을까 의심하고 있는

In the tests, a single sensor failed, 이 실험에서 센서 하나가 작동되지 않았고

setting off software designed to help prevent a stall. 그래서 추락 방지를 돕기 위해 제작된 컴퓨터 시스템이 작동되었다.

Words for writing : 영작 구문

기체 소프트웨어 오작동

보잉의 라이온 에어플레인의 문제점을 재현시키는 컴퓨터 비행 시연 동안

기장들은 사실을 확인했다

시간이 불과 40초도 안되었다는

보잉의 새로운 제트 여객기에 장착된 자동제어장치를 매뉴얼로 조작하여 이 재난을 피할 수 있도록 하는

조종사들은 비슷한 위기 상황을 실험했다

수사관들이 지난 가을에 인도네시아에서 라이온 에어 보잉기에서 추락해서 사고의 원인이 되지 않았을까 의심하고 있는

이 실험에서 센서 하나가 작동되지 않았고

그래서 추락 방지를 돕기 위해 제작된 컴퓨터 시스템이 작동되었다

Fake order misleading

The Securities and Exchanges Surveillance Commission said an employee of UK-based Citigroup Global Markets placed a large number of phoney buy orders for government bond futures in last October.
The regulator alleged that those fake trades "would mislead other investors" into believing there had been a sudden burst of activity in the largely moribund market for trading futures on 10-year Japanese government bonds.

_출처 FT

Translation

허위 주문에 의한 투자가의 혼란

증권 감독위원회는 영국 주재 시티그룹 국제시장 직원이 지난 10월에 선물 정부채권에 대한 거대 액수의 거짓 매입주문을 했다고 밝혔다.
감독관은 10년 거치 일본국채에 대한 선물거래가 거의 죽어가는 상당히 침체상태에서 거짓 거래로 갑작스런 큰 움직임이 있었던 것으로 투자가들이 잘못 믿게 만들었다고 의심했다.

Insight 이지경제해설

증권 감독위원회 거짓거래 의심
영국 주재 시티 직원이 매입주문
선물 정부채권 거액거래
10년 거치 일본국채 선물거래 침체에
갑작스런 큰 움직임 조작

이것은 일종의 국제거래에 있어서 신종 사기 사건으로 간주된다. 허위 주문을 통하여 주식가격을 침체상태에서 완전히 의도적으로 상승장으로 전환시키고자 한 기획이다.

Terms cipher 용어설명

Surveillance Commission 감독 위원회
fake order 허위 주문
UK-based 영국 소재
phoney buy orders 거짓 사자 주문
government bond futures 정부채권 선물거래
mislead 잘못 유도하다
moribund market 다 죽어가는 시장, 빈사상태
sudden burst of activity 갑작스런 큰 움직임
trading futures 선물거래

Bilingual reading : 영한 읽기

Fake order misleading 허위 주문에 의한 투자가의 혼란

The Securities and Exchanges Surveillance Commission said 증권 감독위원회는 밝혔다

an employee of UK-based Citigroup Global Markets placed 영국 주재 시티그룹 국제시장 직원이 했다고

a large number of phoney buy orders for government bond futures in last October. 지난 10월에 선물 정부채권에 대한 거대 액수를 거짓 매입주문을

The regulator alleged 감독관은 의심했다

that those fake trades 거짓 거래가

"would mislead other investors" 투자가를 잘못 유도했다고

into believing 믿게 하는 것으로

there had been a sudden burst of activity 갑작스럽게 큰 움직임이 있었던 것으로

in the largely moribund market 시장이 상당히 침체 된 상태에서

for trading futures on 10-year Japanese government bonds. 10년간 일본 국채에 대한 선물거래에 대하여

Words for writing : 영작 구문

허위 주문에 의한 투자가의 혼란 ______

증권 감독위원회는 밝혔다 ______

영국 주재 시티그룹 국제시장 직원이 했다고 ______

지난 10월에 선물 정부채권에 대한 거대 액수에 거짓 매입주문을

______

감독관은 의심했다 ______

거짓 거래가 ______

투자가를 잘못 유도했다고 ______

믿게 하는 것으로 ______

갑작스럽게 큰 움직임이 있었던 것으로 ______

시장이 상당히 침체 된 상태에서 ______

10년간 일본 국채에 대한 선물거래에 대하여 ______

Becoming bestseller

The title of Michelle Obama's book is Becoming. Add the word "richer" and you have summed up her post-publication fortunes. Publisher Penguin Random House says it has sold more than 10m copies. Becoming may be the world's bestselling memoir, if you ignore The Diary of Anne Frank (30m copies sold and counting).

Penguin's owner Bertelsmann is ecstatic. Bosses at the 180-year-old German media group are seeing "a renaissance of the printed letter".

Ebook sales have plateaued at one-fifth of the total, they say. That proportion is even smaller for Becoming, adorned in hardback with a photo of the charismatic former US first lady.

_출처 FT

Translation

베스트셀러가 되다

미쉘 오바마의 책 이름은 Becoming이다. 여기에 richer라는 단어를 추가해 보자. 그러면 당신은 그 책을 출판한 후 그녀의 재산이 어떠했을지 이미 짐작했을 것이다. 펭귄랜덤 하우스 출판사는 천 만부 이상 팔았다고 한다. 비커밍은 세계적 베스트셀러 회고록이다. 단지 안네 프랑크의 일기만 빼놓고. (그 책은 3천 만부가 팔렸고 지금도 계속 팔리고 있다.)

펭귄 소유주 베르텔스만은 기뻐하고 있다. 180년 된 독일 언론사 사장들도 인쇄물의 르네상스를 맞고 있다. Ebook 판매는 전체 판매액의 겨우 1/5 정도라고 그들이 말한다. 이 비율은 전 미국 영부인의 카리스마가 느껴지는 사진과 더불어 제작된 양장 커버 <Becoming 된다>에 비하면 훨씬 적다.

Insight 이지경제해설

미쉘 오바마 비커밍 출판
출간후 Becoming richer 부자 되다
천만부 이상 판매로 세계적 베스트셀러
안네 프랑크 일기에 이어 2위
인쇄물의 전성기 구가

전 미국 퍼스트 레이디의 대통령 부인이 되기 전부터 된 이후까지의 인생 회고록이다. 좌절한 모든 사람 마음 속에 비커밍 단어를 안고 살아가라는 선각자들의 인생에 대한 교훈이다.

Terms cipher 용어설명

Becoming 된다
add the word "richer" 리처 단어를 붙여라
ecstatic 황홀한, 몹시 기쁜
plateaued 자리를 차지하다
adorned 장식하다
hardback 양장본
ebook 전자책
renaissance of the printed letter 인쇄판본의 르네상스 전성기

Bilingual reading : 영한 읽기

Becoming bestseller 베스트셀러가 되다

The title of Michelle Obama's book is Becoming. 미쉘 오바마의 책 이름은 비커밍이다

Add the word "richer" 거기에 부자라는 단어를 추가해 보자

and you have summed up her post-publication fortunes. 그러면 당신은 그녀가 이 책을 출판한 다음 그녀 재산을 짐작했을 것이다

Publisher Penguin Random House 펭귄램덤 하우스 출판사는

says it has sold more than 10m copies. 천 만부 이상 팔았다고 한다

Becoming may be the world's bestselling memoir, 비커밍은 세계적 베스트셀러 회고록이다

if you ignore The Diary of Anne Frank 단지 안네 프랑크의 일기만 무시하면

(30m copies sold and counting). (그 책은 3천 만부가 팔렸고 지금도 계속 팔리고 있다.)

Penguin's owner Bertelsmann is ecstatic. 펭귄의 소유주 베르텔스만은 기뻐하고 있다

Bosses at the 180-year-old German media group 180년 된 독일 언론사 사장들도

are seeing "a renaissance of the printed letter". 인쇄물의 르네상스를 맞고 있다

Ebook sales have plateaued at one-fifth of the total, Ebook 판매는 전체 판매액의 겨우 1/5 정도라고

they say. 그들이 말한다

That proportion is even smaller 이 비율은 훨씬 적다

for Becoming, <Becoming 된다>에 비하면

adorned in hardback with a photo of the charismatic former US first lady. 카리스마 있는 전 미국 퍼스트 레이디의 사진과 더불어 제작된 양장 커버인

Words for writing : 영작 구문

베스트셀러가 되다

미쉘 오바마의 책 이름은 비커밍이다

거기에 부자라는 단어를 추가해 보자

그러면 당신은 그녀가 이 책을 출판한 다음 그녀 재산을 짐작했을 것이다

펭귄랜덤 하우스 출판사는 말한다

천 만부 이상 팔았다고

비커밍은 세계적 베스트셀러 회고록이다

단지 안네 프랑크의 일기만 무시하면

(그 책은 3천 만부가 팔렸고 지금도 계속 팔리고 있다.)

펭귄의 소유주 베르텔스만은 기뻐하고 있다

180년 된 독일 언론사 사장들도

인쇄물의 르네상스를 맞고 있다

Ebook 판매는 전체 판매액의 겨우 1/5 정도라고 그들이 말한다

이 비율은 <Becoming 된다>에 비하면 훨씬 적다

카리스마 있는 전 미국 퍼스트 레이디의 사진과 더불어 제작된 양장 커버인

Wrong decision

Saudi Arabia and other Gulf states have condemned Donald Trump's decision to recognize Israel's sovereignity over the Golan Heights, with Riyadh warning it would have a "significant negative impact" on US attempts to broker an end to the Arab-Israeli conflict.

_출처 FT

Translation

잘못된 결정

사우디 아라비아와 또 다른 걸프만 국가들은 골란고원에 대한 이스라엘 주권을 인정한 트럼프 결정을 비난하고 있다. 이것은 그 동안 해왔던 미국이 아랍과 이스라엘 분쟁종식의 중재역할에 대한 심각한 부정적 영향을 끼치게 될 것이라고 리야드 정부가 경고하고 있기 때문이다.

Insight 이지경제해설

트럼프가 골란고원에 대해 이스라엘 주권인정
중동 걸프만 국가들이 트럼프 비난
지금까지 미국은 중동분쟁의 중재역할
분쟁종식에 악영향 초래 우려

수도 리야드에 있는 사우디 아라비아 정부가 트럼프의 이스라엘 주권 경계선을 골란 고원까지 확대시킴으로써 아랍국가의 주권을 심각하게 침해했다는 비난을 아랍국가들로부터 받고 있다.

Terms cipher 용어설명

sovereignity 주권
condemn 비난하다
Golan Heights 이스라엘과 시리아와의 경계선
Riyadh 사우디 아라비아 수도, 리야드
wrong decision 잘못된 판단
significant negative impact 심각한 부정적 영향
Gulf states: Bahrain, Iraq, Kuwait, Oman, Qatar, Saudi Arabia and the United Arab Emirates

Bilingual reading : 영한 읽기

Wrong decision 잘못된 결정

Saudi Arabia and other Gulf states 사우디 아라비아와 다른 걸프만 국가들은

have condemned Donald Trump's decision 트럼프 결정을 비난하고 있다

to recognize Israel's sovereignity over the Golan Heights, 골란고원에 대한 이스라엘 주권을 인정한

with Riyadh warning 리야드가 경고하고 있음으로 해서

it would have a "significant negative impact" 엄청난 부정영향을 끼치게 될 것이라고

on US attempts to broker an end to the Arab-Israeli conflict. 이것은 그 동안 미국이 아랍과 이스라엘 분쟁종식의 중재역할에 대한

Words for writing : 영작 구문

잘못된 결정 ______________________

사우디 아라비아와 다른 걸프만 국가들은 ______________________

트럼프 결정을 비난하고 있다 ______________________

골란고원에 대한 이스라엘 주권을 인정한 ______________________

리야드가 경고하고 있음으로 해서 ______________________

엄청난 부정영향을 끼치게 될 것이라고 ______________________

이것은 그 동안 미국이 아랍과 이스라엘 분쟁종식의 중재역할에 대한

____

Insatiable human's demand

The internet consists of tiny bits of code that move around the world, traveling along wires as thin as a strand of hair strung across the ocean floor. The data zips from New York to Sydney, Australia, from Hong Kong to London, in the time it takes you to read this word.
Nearly 750,000 miles of cable already connect the continents to support our insatiable demand for communication and entertainment. Companies have typically pooled their resources to collaborate on undersea cable projects, like a freeway for them all to share.

_출처 NYT

Translation

지칠 줄 모르는 인간의 욕구

인터넷은 작은 코드로 형성되어 있으며 바다 밑에 깔려있는 머리카락과 같은 얇은 전선을 따라 전 세계로 움직이고 여행한다. 이 데이터는 뉴욕부터 오스트레일리아 시드니까지, 홍콩에서 런던까지 당신이 이 단어를 읽는 그 순간에 빠르게 이동한다.
거의 75만 마일의 케이블이 이미 대륙과 대륙을 연결하며 우리의 지칠 줄 모르는 통신과 연예에 대한 욕구를 지원한다. 이에 관련 회사들은 전통적으로 그들 자원을 총 동원하여 모두가 공유할 수 잇는 마치 고속도로같이 바다 밑 케이블 프로젝트에 상호협력 한다.

Insight 이지경제해설

인터넷은 작은 코드로 형성
얇은 전선을 따라 세계로 빠르게 이동
거의 75만 마일 케이블 전세계 연결
그로써 우리의 통신과 연예 욕구 지원
관련회사들이 공유를 위해 상호협력

인터넷은 한가지 뉴스를 한 순간에 지구 전체를 돌며 전달한다. 여전히 인간은 이것에도 만족하지 않는다.

Terms cipher 용어설명

consists of 무엇으로 형성되다
tiny bits of code 작은 코드
a strand of hair 머리카락 하나
strung across 전반적으로 깔려있는
data zips 데이터가 빠르게 이동하다
insatiable 만족할 줄 모르는
collaborate 협력한다
undersea cable projects 바다 밑 케이블 프로젝트

Bilingual reading : 영한 읽기

Insatiable human's demand 지칠 줄 모르는 인간의 욕구

The internet consists of tiny bits of code 인터넷은 작은 코드로 형성되어 있으며

that move around the world, 전 세계로 움직이고

traveling along wires 전선을 따라 여행한다

as thin as a strand of hair strung across the ocean floor. 바다 밑에 깔려있는 머리카락 같은 얇은

The data zips 이 데이터는 순간이동 한다

from New York to Sydney, Australia, 뉴욕부터 오스트레일리아 시드니까지

from Hong Kong to London, 홍콩에서 런던까지 in the time it takes you to read this word. 당신이 이 단어를 읽는 그 순간에

Nearly 750,000 miles of cable 거의 75만 마일 케이블이

already connect the continents 이미 대륙과 대륙을 연결하며

to support our insatiable demand for communication and entertainment. 우리의 지칠 줄 모르는 통신과 연예에 대한 욕구를 지원하다

Companies 회사들은

have typically pooled their resources 전형적으로 그들의 자원을 총 동원하여

to collaborate 상호협력 한다

on undersea cable projects, 바다 밑 케이블 프로젝트에

like a freeway 마치 고속도로 같이

for them all to share. 모두가 공유할 수 있는

Words for writing : 영작 구문

지칠 줄 모르는 인간의 욕구

인터넷은 작은 코드로 형성되어 있으며

전 세계로 움직이고 전선을 따라 여행한다

바다 밑에 깔려있는 머리카락 같은 얇은

이 데이터는 순간이동 한다

뉴욕부터 오스트레일리아 시드니까지

홍콩에서 런던까지

당신이 이 단어를 읽는 그 순간에

거의 75만 마일 케이블이

이미 대륙과 대륙을 연결하며

우리의 지칠 줄 모르는 통신과 연예에 대한 욕구를 지원하다

회사들은 전형적으로 그들의 자원을 총 동원하여

바다 밑 케이블 프로젝트에 상호협력 한다

마치 모두가 공유할 수 있는 고속도로 같이

Tectonic shift in energy

Egypt's gas push is part of a tectonic shift in energy and geopolitics. Natural gas, long a poor cousin to oil, is gaining importance and becoming a tool for countries to leverage power and prestige. Advances in the shipping of liquefied gas have made it a global fuel and strengthened the hand of countries that until recently were not major energy exporters, including the United States and now Egypt.

_출처 NYT

Translation

석유 지각 변동

이집트 석유사업은 에너지 지각변동과 지리정치학적 변동의 일부이다. 기름의 오랫동안 가난한 이웃 사촌으로 간주되어 온 천연가스가 국가들이 힘을 얻을 수 있도록 하는 주요성이 있으며 또 명성을 얻을 수 있는 도구가 되고 있다. 액체화 가스 선적기술이 천연가스를 세계연료로 만들었으며 최근까지 주요한 에너지 수출국이 아니었던 미국과 이집트까지 포함하여 주연이 아니었던 나라의 힘을 더욱 강화시켜 주었다.

Insight 이지경제해설

이집트 석유사업은 에너지 지정학 변동
천연가스 생산국에 힘과 명성 부여
액체화 가스 선적기술이 이를 실현
에너지 비주류 국가에 힘 강화
여기에 미국과 이집트가 포함

최근까지 기름만이 유일한 연료로 사용되어 왔으나 북쪽에 있는 여러 나라 중 이집트와 미국까지 천연 쉘가스를 개발함에 따라 석유만 의존하던 연료가 다양화 되었다. 이로써 천연가스 생산국도 어제까지 존재가치가 없었지만 새로운 힘을 얻게 되고 부국이 될 가능성에 힘을 얻어가고 있다.

Terms cipher 용어설명

tectonic 지층, 지질구조
tectonic shift 지각 변동
geopolitics 지형정치학
a poor cousin to oil 석유의 가난한 사촌
leverage 이용하다, 차용하다
advances in the shipping 선적방법 발전
liquefied gas 액체화 가스
strengthened 강화하다

Bilingual reading : 영한 읽기

Tectonic shift in energy 석유 지각 변동

Egypt's gas push 이집트 석유 사업은

is part of a tectonic shift in energy and geopolitics. 에너지 지각변동과 지형정치학 변동의 일부이다

Natural gas, long a poor cousin to oil, 기름의 오랫동안 가난한 이웃 사촌으로 간주되어 온 천연가스가

is gaining importance and becoming a tool for countries to leverage power and prestige. 국가들이 힘과 명성을 얻을 수 있도록 하는 주요성을 얻고 있으며 또 명성을 얻을 수 있는 도구가 되고 있다

Advances in the shipping of liquefied gas 액체화 가스 선적기술이

have made it a global fuel 천연가스를 세계연료로 만들었으며

and strengthened 더욱 강화시켜 주었다

the hand of countries that until recently were not major energy exporters, 최근까지 주요한 에너지 수출국이 아니었던 나라의 힘을

including the United States and now Egypt. 미국과 이집트까지 포함하여

Words for writing : 영작 구문

석유 지각 변동 ______

이집트 석유 사업은 ______

에너지 지각변동과 지형정치학 변동의 일부이다 ______

기름의 오랫동안 가난한 이웃 사촌으로 간주되어 온 천연가스가

______

국가들이 힘과 명성을 얻을 수 있도록 하는 주요성을 얻고 있으며 또 명성을 얻을 수 있는 도구가 되고 있다 ______

액체화 가스 선적기술이 ______

천연가스를 세계연료로 만들었으며 ______

더욱 강화시켜 주었다 ______

최근까지 주요한 에너지 수출국이 아니었던 나라의 힘을

______

미국과 이집트까지 포함하여 ______

US stock index shed

US stocks fell yesterday as investors fled to the safety of bonds amid mounting expectations that slowing global growth would force the world's main central banks to kick-start another round of monetary easing.
The S&P 500 index was 1 per cent lower while the Dow Jones Industrial Average dropped 0.9 per cent. Meanwhile, the Nasdaq Composite — weighed down by losses in the semiconductor sector — shed 1.4 per cent. The selling in New York was broad-based with defensive stocks such as utilities dipping alongside technology stocks.

_출처 FT

Translation

미국 주식지수가 떨어지다

완만해지는 국제성장이 세계 주요 중앙은행으로 하여금 또 한 차례의 통화 긴축완화를 하게 만들 것이라는 기대가 높아진 가운데 주주들이 안전한 채권으로 전부 도망가자 미국 주식이 어제 떨어졌다.
S&P 500 지수가 1% 낮아졌고 다우존스 산업 평균지수가 0.9% 하락했다. 한편 나스닥 종합지수는 반도체 분야의 영업실적 부진의 영향으로 지수가 하락하여 1.4%가 깎였다. 뉴욕증시 판매량은 공공분야와 같은 수비적인 주식이 기술주와 더불어 전반적으로 떨어지는 상태가 되었다.

Insight 이지경제해설

국제성장 둔화로 통화 긴축완화 기대
주주들이 안전 채권으로 도피
따라서 미국 주식 하락
S&P 500, 다우존스 하락
반도체 부진으로 나스닥 하락

뉴욕의 기술주와 더불어 일반적 주식가격이 하락하자 투자가들이 안전처인 채권분야로 옮겨갔다. 이럴 때는 S&P 500과 다우존스 지수가 하락한다.

Terms cipher 용어설명

safety of bonds 채권의 안전지대
amid mounting expectations 기대감이 오르고 있는 가운데
another round of monetary easing 또 한 차례의 통화 완화정책
weighed down 무게가 내려앉다
by losses 주가 손실로
in the semiconductor sector 반도체 분야의
with defensive stocks 수비주식, 공익사업 부분 주식

Bilingual reading : 영한 읽기

US stock index shed 미국 주식지수가 떨어지다

US stocks fell yesterday 미국 주식이 어제 떨어졌다

as investors fled to the safety of bonds 주주들이 안전한 채권으로 전부 도망가자

amid mounting expectations 기대가 높아진 가운데

that slowing global growth 완만해지는 국제성장이

would force the world's main central banks to kick-start another round of monetary easing. 주주들이 세계 주요 중앙은행으로 하여금 또 한 차례의 통화 긴축완화를 하게 만들 거라는

The S&P 500 index was 1 per cent lower S&P 500 지수가 1% 낮아졌고

while the Dow Jones Industrial Average dropped 0.9 per cent. 다우 존스 산업 평균지수가 0.9% 하락했다

Meanwhile, the Nasdaq Composite 한편 나스닥 종합지수는

— weighed down by losses in the semiconductor sector — 반도체 분야의 영업 실적 부진의 영향으로 지수가 하락하여

shed 1.4 per cent. 1.4%가 깎였다

The selling in New York 뉴욕증시 판매량은

was broad-based with defensive stocks such as utilities dipping alongside technology stocks. 공공분야와 같은 수비적인 주식이 기술주와 더불어 전반적으로 떨어지는 상태가 되었다.

Words for writing : 영작 구문

미국 주식지수가 떨어지다

미국 주식이 어제 떨어졌다

주주들이 안전한 채권으로 전부 도망감에 따라

기대가 높아진 가운데

완만해지는 국제성장이

세계 주요 중앙은행으로 하여금

또 한 차례의 통화 긴축완화를 하게 만들 거라는

S&P 500 지수가 1% 낮아졌고

다우 존스 산업 평균지수가 0.9% 하락했다

한편 나스닥 종합지수는

반도체 분야의 영업실적 부진의 영향으로 지수가 하락하여

1.4%가 깎였다

뉴욕증시 판매량은

공공분야와 같은 수비적인 주식이 기술주와 더불어 전반적으로 떨어지는 상태가 되었다

Bond market gloom

As Mr Trump's re-election campaign begins to gather pace, it could turn out that the event this week with a more significant impact on the president's prospects was not the Mueller report but the ominous signals from the bond market.
If some bond investors are to be believed, the auguries for the US and global economy are looking increasingly unfavourable.

_출처 FT

Translation

우울한 채권 시장

트럼프의 재선운동이 속도를 더해 가기 시작함에 따라 이번주에 있을 대통령 당선 가능성에 중요한 영향을 미칠 이번 정치행사는 뮬러 특검 조사보고서가 아니고 채권시장으로부터 오는 무엇인가 알 수 없는 불길한 조짐이다. 일부 채권 투자가들이 믿고 있는 바가 사실이라면 미국과 세계경제에 대한 기대감이 점점 더 불길해 보인다는 것이다.

Insight 이지경제해설

트럼프 재선운동 시동
당선 가능성에 미칠 영향에 촉각
뮬러의 특검 조사보고서보다
채권시장 조짐을 더
미국, 세계경제 기대감 불길 짐작

트럼프 대통령의 정치적 성공은 뮬러 특검이 조사한 러시아와의 관계 여부에 대한 관심사가 집중되었지만 현재 그의 정치적 생명은 수사 결과에 있다기 보다 현 미국 국채시장이 불길할 정도로 이윤이 떨어지고 있다는 것이다. 이는 현 정부에 대한 국민들의 불신감을 반영하는 것으로 보는 것이다.

Terms cipher 용어설명

gather pace 속도를 더해 가다
turn out 드러나다, 되다, 나타나다, 밝혀지다
significant impact 미치는 중요한 영향
on the president's prospects 대통령 당선에
ominous signals 불길한 징조
auguries 미래에 대한 사건의 전망, 닥쳐올 미래
unfavourable (유럽형) 유리하지 않는
unfavorable (북미형) 유리하지 않는

Bilingual reading : 영한 읽기

Bond market gloom 우울한 채권 시장

As Mr Trump's re-election campaign begins to gather pace, 트럼프의 재선운동이 속도를 더해 가기 시작함에 따라

it could turn out 전환 될 수 있다

that the event this week with a more significant impact on the president's prospects 대통령 당선가능성에 중요 영향을 줄 금주에 있을 이번 정치행사는

was not the Mueller report 뮬러 특검 조사보고서가 아니고

but the ominous signals from the bond market. 채권시장으로부터 오는 무엇인가 불길한 조짐이 될

If some bond investors are to be believed, 일부 채권 투자가들이 믿고 있는 바가 사실이라면

the auguries for the US and global economy 미국과 세계 경제에 대한 기대감이

are looking increasingly unfavourable. 점점 더 불길해 보인다는 것이다

Words for writing : 영작 구문

우울한 채권 시장 ______

트럼프의 재선운동이 속도를 더해 가기 시작함에 따라 ______

전환 될 수 있다 ______

대통령 당선가능성에 중요 영향을 줄 금주에 있을 이번 정치행사는

______

뮬러 특검 조사보고서가 아니고 ______

채권시장으로부터 오는 무엇인가 불길한 조짐이 될 ______

일부 채권 투자가들이 믿고 있는 바가 사실이라면 ______

미국과 세계 경제에 대한 기대감이

점점 더 불길해 보인다는 것이다 ______

Britain brings up security problem

In the report, British officials determined that Huawei could not replicate much of the software it built, meaning that the authorities could not be sure what code was being introduced into the country's wireless networks. They added that Huawei had poor oversight of suppliers that provided components for its products.

_출처 NYT

Translation

영국이 보안 문제를 거론하다

보고서에서 영국 관리들은 중국 화웨이는 만들어진 소프트웨어 대부분을 복제할 수 없고 이것은 중국 당국도 어떤 코드가 중국의 무선망에 사용되었는지 확실히 알 수 없다는 것을 의미한다는 판단을 내렸다. 그들은 화웨이가 이 상품에 대한 통신장비 부품을 제공한 공급업체에 대해서도 감독을 충분히 하지 않았다고 언급했다.

Insight 이지경제해설

영국 조사관이 이의제기
화웨이는 완성 소프트웨어 거의 복제불능
중국당국 역시 코드 구분 불명확
화웨이가 부품공급업체 불간섭
화웨이는 제재대상이 아닐 가능성 제기

중국 통신장비업체 화웨이는 통신장비 내부에 사용되는 모든 부품에 대한 내용을 복사하지 못하며 자신들도 공급업체로부터 부품을 공급받았다고 한다. 이로써 영국 조사관들은 화웨이가 제재대상이 되는 데는 문제점이 있을 수 있지 않을까 라는 미국 조치에 대한 이견을 제시한 것이다. 화웨이가 제재대상이 아닐 수 있다.

Terms cipher 용어설명

brings up 거론하다
security problem 보안문제
replicate 복제하다
introduced something into 무엇을 무엇에 도입하다
could not be sure 확인할 수 없다
had poor oversight 감독을 철저히 통제하지 않았다
components 부품

Bilingual reading : 영한 읽기

Britain brings up security problem 영국이 보안 문제를 거론하다

In the report, British officials determined 보고서에서 영국 관리들은 판단을 내렸다

that Huawei could not replicate much of the software it built, 중국 화웨이는 만들어진 소프트웨어 대부분을 복제할 수 없고

meaning that 이는 의미한다고

the authorities could not be sure 중국 당국도 확실히 알 수 없다는 것을

what code was being introduced into the country's wireless networks. 어떤 코드가 중국의 무선망에 사용되었는지

They added 그들은 덧붙였다

that Huawei 화웨이가

had poor oversight of suppliers 감독을 충분히 하지 않았다고

that provided components for its products. 이 상품에 대한 통신장비 부품을 제공한 공급업체에 대해서도

Words for writing : 영작 구문

영국이 보안 문제를 거론하다 ________________

보고서에서 영국 관리들은 판단을 내렸다 ________________

중국 화웨이는 만들어진 소프트웨어 대부분을 복제할 수 없고

____

이는 의미한다고 ________________

중국 당국도 확실히 알 수 없다는 것을 ________________

어떤 코드가 중국의 무선망에 사용되었는지

____

그들은 덧붙였다 ________________

화웨이가 ________________

감독을 충분히 하지 않았다고 ________________

이 상품에 대한 통신장비 부품을 제공한 공급업체에 대해서도

____

Facebook bans white nationalism

As part of its policy change, Facebook said it would divert users who searched for white supremacist content to Life After Hate, a nonprofit that helps people leave hate groups, and would improve its ability to use artificial intelligence and machine learning to combat white nationalism.

_출처 NYT

Translation

페이스북이 백인우월주의를 배제

정책변화의 일환으로 페이스북은 앞으로 백인우월주의 탐색 사용자들을 백인 우월주의 이후 생활이라는 즉 Life After Hate라는 페이지로 사용자를 이동시킨다. 그 단체는 사람들이 혐오 그룹으로부터 떠나게 하고 인공지능을 사용할 수 있는 능력을 키워주고 백인우월주의를 배척하는 방법을 기계도 배우도록 만드는 비영리 단체다.

Insight 이지경제해설

페이스북의 정책 변화
백인우월주의자를 Life After Hate 비영리단체로 이동
혐오그룹에서 이탈시키고
인공지능 사용능력 배양
기계에 백인우월주의 배척법 학습

지금까지 백인우월주의 지향의 페이스북이 그로부터 타파를 주장하는 정책으로 노선을 바꿨다. 이제 AI 기계도 백인우월주의에서 반 백인우월주의를 지향할 수 있도록 선도하는 방향으로 선회한 것이다.

Terms cipher 용어설명

divert 관심을 다른 데로 돌리다
ban 금지하다
policy change 정책변화
supremacist content 우월주의자 컨텐트, 자료
artificial intelligence 인공지능, AI
combat white nationalism 백인우월주의 타파
as part of its policy change 정책변화의 부분으로써

Bilingual reading : 영한 읽기

Facebook bans white nationalism 페이스북은 백인우월주의를 배제

As part of its policy change, 정책변화의 일환으로

Facebook said 페이스북이 밝혔다

it would divert users 앞으로 검색 사용자들을 이동시킬 것이라고

who searched for white supremacist content 백인 우월주의 내용을 찾는

to Life After Hate, Life After Hate 즉, "백인우월주의 이후 생활"이라는 페이지로

a nonprofit 그것은 비영리 단체다

that helps people leave hate groups, 사람들로 하여금 혐오 그룹으로부터 떠나게 하고

and would improve its ability to use artificial intelligence 인공지능을 사용할 수 있는 능력을 키워주고

and machine learning to combat white nationalism. 기계도 백인 우월주의를 배척하는 방법을 배우도록 만드는

Words for writing : 영작 구문

페이스북은 백인우월주의를 배제 ______________________

정책변화의 일환으로 ______________________

페이스북이 밝혔다 ______________________

앞으로 검색 사용자들을 이동시킬 것이라고 ______________________

백인 우월주의 내용을 찾는 ______________________

Life After Hate즉, "백인우월주의 이후 생활"이라는 페이지로 ______________________

그것은 비영리 단체다 ______________________

사람들로 하여금 혐오 그룹으로부터 떠나게 하고 ______________________

인공지능을 사용할 수 있는 능력을 키워주고 ______________________

기계도 백인 우월주의를 배척하는 방법을 배우도록 만드는

____

Chinese BRI

Capital flight has been a key concern among Chinese policymakers. Overseas investments that require companies to sell renminbi and buy dollars are carefully vetted to make sure the investments are in line with government policy and not just a means of moving money out of the country.
The BRI gave a number of smaller companies a new justification for forays overseas. In 2015 and 2016, a flurry of Chinese developers labeled their overseas investments as Belt and Road deals.

_출처 FT

Translation

중국의 해외 개발 정책

중국의 자본이탈은 중국정부 당국자 사이에 중요한 관심거리가 되어 왔다. 중국 회사들이 위원화를 팔고 달러를 사야 하는 해외투자가 현 중국 정부정책과 맥을 같이하고 나라 밖으로 돈을 빼내려고 하는 수단이 아니라는 것을 철저히 확인시켜야 한다. 중국의 해외개발 계획정책은 수많은 중국의 작은 회사들이 해외로 진출할 수 있는 법적 근거를 마련해 주었다. 2015과 2016년 우후죽순과 같이 생겨난 개발업자들이 해외투자를 벨트와 도로 거래(BRI) 라는 명칭을 붙였다.

Insight 이지경제해설

중국은 자본이탈에 주의 관심
기업의 해외투자 시 외화반출 의심
해외개발정책은 이에 대한 법적 근거 마련
2015년 2016년 사이 개발업자 난립
이를 Belt and Road Deal(BRI)로 호칭

세계는 두 개로 갈라진 양상이다. 미국은 기존우방을 믿고 세계정책을 추진해 가면서 정책을 따르지 않는 우방에 대해 가차없이 몽둥이로 처리한다. 반면 중국은 해외 어려운 나라들에게 당근을 주면서 자신들 편으로 끌어들인다. 다시 말해 미국과 맞서려는 장기 전략이다. 이것이 벨트와 도로(Belt and Road Initiative) 정책이고, 다시 말하면 새로운 실크로드정책이다.

Terms cipher 용어설명

Chinese BRI: Belt and Road Initiatives 중국의 해외개발정책, 신실크로드 정책
require someone to do something 누가 무엇 하는 것을 필요로 한다
be carefully vetted to 조심스럽게 검사를 받다
be in line with 일치하다
gave something justification for 무엇에 정당성을 부여하다
forays overseas 해외 진출하다
labeled something as 무엇을 무엇으로 명칭을 붙이다

Bilingual reading : 영한 읽기

Chinese BRI 중국의 해외 개발 정책

Capital flight 중국의 자본이탈은

has been a key concern 중요한 관심거리가 되어 왔다

among Chinese policymakers. 중국 정부 당국자 사이에

Overseas investments 해외투자는

that require companies to sell renminbi and buy dollars 중국 회사들이 위원화를 팔고 달러를 사야 하는

are carefully vetted 철저히 확인된다

to make sure the investments are in line with government policy 해외 투자가 현 중국 정부 정책과 맥을 같이하고

and not just a means of moving money out of the country. 중국 밖으로 돈을 빼내려고 하는 수단이 아니라는 것을

The BRI gave 중국의 해외 개발계획정책은 마련해 주었다

a number of smaller companies a new justification for forays overseas. 많은 중국 작은 회사들이 해외 진출할 수 있는 새로운 정당성을

In 2015 and 2016, 2015과 2016년에

a flurry of Chinese developers labeled 우후죽순과 같이 생겨난 개발업자들은 명칭을 붙였다

their overseas investments as Belt and Road deals. 그들의 해외투자를 BRI 거래라고

Words for writing : 영작 구문

중국의 해외 개발 정책

중국의 자본이탈은

중요한 관심거리가 되어 왔다

중국 정부 당국자 사이에

중국 회사들이 위원화를 팔고 달러를 사야 하는

해외투자는

철저히 확인된다

해외 투자가 현 중국 정부 정책과 맥을 같이하고

중국 밖으로 돈을 빼내려고 하는 수단이 아니라는 것을

중국의 해외 개발계획정책은 마련해 주었다

많은 중국 작은 회사들이 해외 진출할 수 있는 새로운 법적 근거를

2015과 2016년에

우후죽순과 같이 생겨난 개발업자들은 명칭을 붙였다

그들의 해외투자를 BRI 거래 라고

Should investors be wary?

As owners of a company, shareholders expect to have some sway over management. Full voting rights give them a greater voice in who's on the board and how much executives get paid, and on big decisions, like whether to sell the company. Diminishing public holders' voting rights can give insiders too much power and insulate executives who make poor decisions.

_출처 NYT

Translation

투자가들이 우려해야 하는 것

회사 소유주인 주주들은 회사경영에 대해서 어느 정도 영향력을 갖기를 희망한다. 완전한 투표권은 그들에게 누가 이사가 되며, 이사들의 월급은 얼마나 받는지, 회사를 팔 것인지 아닌지와 같은 큰 결정에 영향력을 행사하게 해준다. 일반주주의 투표권을 줄이면 이것은 회사 내부인사들에게 너무 많은 힘을 주게 되고 잘못 결정하는 회사 CEO를 보호한다.

Insight 이지경제해설

주주는 회사경영에 참여 희망
완전한 투표권은 영향력 행사가능
이사 선정 및 월급 규모
회사 매매 결정 등
일반주주 투표권이 약하면 내부인사와 CEO 세력강화

외부 투자가들이 기업의 주식에 투자할 때 특히 관심을 두어야 하는 것은 그 회사의 결정에 외부투자가들이 어떤 관여를 할 수 있는지의 여부, 투표권 유무 여부에 주목해야 한다. 투표권이 전혀 없으면 회사가 다른 곳으로 팔려갈 때 내가 소유한 주식은 종이가 될 가능성이 있고 보호를 전혀 받지 못하는 경우도 있다.

Terms cipher 용어설명

wary 조심하는, 경계하는
have some sway over 영향력을 행사하다
full voting rights 투표 전권
executive 이사
who's on the board 누가 회사 경영진인가
public holders' voting rights 일반 주주의 투표권
insulate 절연하다, 단절하다
insulate executives 이사들을 (외부 압력으로부터) 보호

Bilingual reading : 영한 읽기

Should investors be wary? 투자가들이 우려해야 하는 것

As owners of a company, shareholders expect 회사 소유주인 주주들은 희망한다

to have some sway over management. 회사 경영에 대해 어느 정도 영향력을 갖기를

Full voting rights give them 완전한 투표권은 그들에게 준다

a greater voice 더 큰 목소리를

in who's on the board 누가 이사가 되며

and how much executives get paid, 이사들은 월급을 얼마나 받는지

and on big decisions, 큰 결정에

like whether to sell the company. 회사를 팔 것인지 아닌 지와 같은

Diminishing public holders' voting rights 일반주주의 투표권을 줄이면

can give insiders 회사 내부인사들에게 줄 수 있다

too much power 너무 많은 힘을 주게 되고

and insulate executives who make poor decisions. 잘못 결정하는 회사 CEO를 보호 한다

Words for writing : 영작 구문

투자가들이 우려해야 하는 것 ______

회사 소유주인 주주들은 희망한다 ______

회사 경영에 대해 어느 정도 영향력을 갖기를 ______

완전한 투표권은 그들에게 준다 ______

더 큰 목소리를 ______

누가 이사가 되며 ______

이사들은 월급을 얼마나 받는지 ______

큰 결정에 ______

회사를 팔 것인지 아닌 지와 같은 ______

일반주주의 투표권을 줄이면 ______

회사 내부인사들에게 줄 수 있다 ______

너무 많은 힘을 주게 되고 ______

잘못 결정하는 회사 CEO를 보호 한다 ______

China's foray into Hollywood

Three years ago, a Chinese company that owns both game and credit services businesses, Beijing Kunlun Tech Co. Ltd., a public company listed on the Shenzhen stock exchange, bought a 60 percent stake in Grindr, which is based in West Hollywood, Calif., for $93 million. Early last year, it bought the remaining shares for a little over $150 million.

_출처 NYT

Translation

중국의 허리우드 진출

션전 증권거래소 등록된 공익회사로 게임과 신용카드 사업분야를 소유했던 베이징 쿤룬테크 회사가 3년 전에 미국 캘리포니아 웨스트 허리우드에 위치한 그라인들 회사 주식의 60%를 9천3백만 달러에 인수했다. 그리고 이 회사는 작년 초에 또 다시 나머지 주식을 1억5천만불 넘는 금액으로 인수했다.

Insight 이지경제해설

베이징 쿤룬테크는 중국 공익회사
게임과 신용카드 분야 상장회사
3년 전 허리우드의 그라인들 회사 주식 60% 인수
작년 초 나머지를 인수

중국의 해외 투자사업인 공단과 도로정책 (BRI: Belt and Road Initiative)의 일환으로 미국의 문화 중심지인 허리우드까지 진출했다. 즉, 허리우드의 대형 영화회사를 통째로 사들였던 것이다. 이 사건을 두고 트럼프는 사들인 미국자산을 반환하라고 요구했고 중국은 당연히 거절했다.

Terms cipher 용어설명

game and credit services businesses 게임과 신용카드 사업
a public company 공익회사
listed on 상장된
stock exchange 주식 거래소
stake 지분
which is based in 어디에 위치하고 있는
the remaining shares 나머지 주식
foray into Hollywood 허리우드로 습격, 약탈, 급습

Bilingual reading : 영한 읽기

China's foray into Hollywood 중국의 허리우드 진출

Three years ago, 3년 전에

a Chinese company that owns both game and credit services businesses, 게임과 신용카드 사업부분을 소유했던 회사 즉 명칭은

Beijing Kunlun Tech Co. Ltd., 베이징 쿤룬 테크 회사는

a public company listed on the Shenzhen stock exchange, 션전 증권거래소을 등록된 그 공익회사는

bought a 60 percent stake in Grindr, 그라인들 회사 주식의 60%를 인수했다

which is based in West Hollywood, Calif., 미국 캘리포니아 웨스트 허리우드에 위치하고 있는

for $93 million. 9천3백만 달러에

Early last year, 작년 초에

it bought the remaining shares for a little over $150 million. 이 회사는 다시 나머지 주식을 1억5천만불 넘는 가격으로 인수했다

Words for writing : 영작 구문

중국의 허리우드 진출 ______

3년 전에 ______

게임과 신용카드 사업부분을 소유했던 회사 즉 명칭은 ______

베이징 쿤룬 테크 회사는 ______

션전 증권거래소을 등록된 그 공익회사는 ______

그라인들 회사 주식의 60%를 인수했다 ______

미국 캘리포니아 웨스트 허리우드에 위치하고 있는 ______

9천3백만 달러에 ______

작년 초에 ______

이 회사는 다시 나머지 주식을 1억5천만불 넘는 가격으로 인수했다

______

Greedy bid

The excessive use of private jets generally has become a source of criticism from corporate governance experts and the wider public. In 2017, Jeff Immelt, General Electric's former chairman and chief, was taken to task when it emerged that the company had a second jet to provide back-up to his main plane.

_출처 FT

Translation

상황이 불투명해지다

뉴욕증시에 등록된 업체들의 사사분기 수익결산이 시작되면서 금융 주식가격이 하락을 보였으나 S&P 500 미국 대기업 주식이 5개월째 최고 수준에 달하며 미국 나스닥 종합지수는 기록적인 최고점에 달했고 주요 미국 주식지수가 어느 정도 긍정적인 시황을 보이면서 한 주를 마감했다.
시티그룹과 웰스파고의 실적은 부진했고 이에 따라 그들 주식 역시 JP모건이 개장 때 떨어진 주식가격이 회복됐지만 그 회사의 주식가격은 여전히 하락 압력을 받았다.

Insight 이지경제해설

최고 경영자가 개인 제트기 과용
관리전문가 및 일반인으로부터 비난
자신의 전용비행기 보조용으로
회사소유 비행기 사용
지나친 사욕이 드러나 문제 발생

제너럴 일렉트릭 회장 이멜트는 자기 전용기 이외 회사가 보조적으로 다른 개인 전용비행기를 준비해 놓고 있다는 것이 알려졌을 때 문제가 되었다. 근래 일본 르놀트-니산 회사 CEO 고센 회장은 개인 전용기를 회사에 4대나 두고 사업을 빌미로 세계여행을 다녔다는 사실이 밝혀졌다.

Terms cipher 용어설명

excessive use 지나친 사용
private jet 자가 비행기
generally 전반적인, 대체로
corporate governance experts 회사 지배관리 전문가
source of criticism 비난의 대상
emerged 밝혀지다, 드러나다
back-up 보조하다

Bilingual reading : 영한 읽기

Greedy bid 지나친 욕심

The excessive use of private jets 지나치게 개인 제트기를 사용한 것이

generally has become a source of criticism 비난을 받는 대상이 되었다.

from corporate governance experts and the wider public. 기업 지배 통치 전문가나 또 폭넓은 일반 사람들로부터

In 2017, Jeff Immelt, 2017년에 제프 이멜트가

General Electric's former chairman and chief, 제너럴 일렉트릭 이전 회장이자 최고 경영자인 was taken to task 문제가 되었다

when it emerged 알려졌을 때에

that the company had a second jet 회사가 두 번째 개인 전용기를 가지고 있다는 것이

to provide back-up to his main plane. 그의 전용비행기를 보조해주기 위해

Words for writing : 영작 구문

지나친 욕심

지나치게 개인 제트기를 사용한 것이

비난을 받는 대상이 되었다

기업 지배 통치 전문가나 또 폭넓은 일반 사람들로부터

2017년에 제프 이멜트가

제너럴 일렉트릭 이전 회장이자 최고 경영자인

문제가 되었다

알려졌을 때에

회사가 두 번째 개인 전용기를 가지고 있다는 것이

그의 전용비행기를 보조해주기 위해

Ripple effect

Saudi Aramco might have lifted the lid on its financials to reveal profits that dwarf even the largest energy majors, but future investors in the state oil company — should it ever go public — still have a number of unanswered questions.
The company's first international bond prospectus revealed net income of $111bn last year — more than Apple and Alphabet made combined — and enough cash on hand to assuage any doubts about its ability to finance the $69bn purchase of Sabic, the state-backed petrochemical firm.

_출처 FT

Translation

파급 효과

사우디 아람코가 자기 금융실적을 공개하면서 세계의 대형 주요 에너지회사의 실적 치고는 초라한 정도의 순이익이 밝혀졌다. 그러나 그 국영 석유회사의 미래 투자가들은 이 회사가 기업공개를 한다 해도 여전히 해명되지 않는 많은 문제점을 가지고 있다.
이 회사가 처음으로 내놓은 국제채권 발행 설명서에서 작년 순실적은 애플과 알파벳 두 회사를 합한 순수익보다 더 많은 1,110억 달러 순이익을 얻었다고 밝혔다. 이 돈은 사우디 정부가 지원하고 있는 석유회사 사빅을 6백9십억 달러에 인수하기 위한 자금을 지불할 수 있는 능력에 대한 그 동안의 의심을 해소하기 위한 충분한 현금이 입수되어 있다는 것을 의미한다.

Insight 이지경제해설

사우디 아람코 금융실적 공개
대형 에너지 회사로서는 초라한 순이익
기업공개에도 투자가 의문 여전
국제채권에서 1,110달러 순이익 공개
그 금액은 정부지원 사빅 석유회사를 인수가능 수준임을 입증

사우디와 미국 합작 석유회사 아람코는 지금까지 석유생산의 수입에 의존했으나 이제 주식을 일반인에게 공개하려고 한다. 이와 같은 추세를 업고 사우디 국영 석유회사인 사빅을 인수하여 석유회사의 대형화를 시도하고 있다.

Terms cipher 용어설명

lifted the lid on 밝히다, 공개하다
dwarf 초라하게 만들다
the largest energy majors 가장 큰 석유대형 회사들
go public 상장하다
unanswered questions 아직 대답하지 않은 문제
enough cash on hand 충분한 자금이 준비되다
to finance 자금을 대다
assuage any doubts 의심을 어느 정도 약화시키다

Bilingual reading : 영한 읽기

Ripple effect 파급 효과

Saudi Aramco 사우디 아람코는

might have lifted the lid on its financials 자기 금융실적을 공개하여

to reveal profits that dwarf even the largest energy majors, 세계에서 대형 주요 에너지회사 실적 치고는 초라한 정도의 순이익이 밝혀졌지만

but future investors in the state oil company 그러나 국영 석유회사 미래 투자가들은

— should it ever go public — 만약 이 회사가 기업공개를 하게 되더라도

still have a number of unanswered questions. 여전히 해명되지 않는 많은 문제점을 가지고 있다

The company's first international bond prospectus 회사가 처음으로 내놓은 국제채권 발행설명서에서

revealed net income of $111bn last year 이 회사의 작년 순실적을 밝혔다

— more than Apple and Alphabet made combined — 애플과 알파벳 두 회사를 합한 순수익보다 더 많은 1,110억 달러의

and enough cash on hand to assuage any doubts 이는 그 동안의 의심을 해소하기 위한 충분한 현금이 입수되어 있다는 것을 의미한다

about its ability to finance the $69bn purchase of Sabic, 사빅을 6백9십억 달러에 인수하기 위한 자금을 지불할 수 있는 능력에 대한

the state-backed petrochemical firm. 사우디 정부가 지원하고 있는 석유회사

Words for writing : 영작 구문

파급 효과

사우디 아람코는

자기 금융실적을 공개하여

세계에서 대형 주요 에너지회사 실적 치고는 초라한 정도의 순이익이 밝혀졌지만

그러나 국영 석유회사 미래 투자가들은

만약 이 회사가 기업공개를 하게 되더라도

여전히 해명되지 않는 많은 문제점을 가지고 있다

회사가 처음으로 내놓은 국제채권 발행설명서에서

이 회사의 작년 순실적을 밝혔다

애플과 알파벳 두 회사를 합한 순수익보다 더 많은 1,110억 달러의

이는 그 동안의 의심을 해소하기 위한 충분한 현금이 입수되어 있다는 것을 의미한다

사빅을 6백9십억 달러에 인수하기 위한 자금을 지불할 수 있는 능력에 대한

사우디 정부가 지원하고 있는 석유회사

Why US stock rallied

Wall Street's stocks rallied yesterday after promising manufacturing numbers from China and the US eased fears about slowing global growth.

By midday yesterday, both the Dow Jones Industrial Average and Nasdaq Composite indices were up 1 per cent. Closely behind was the S&P 500 index, which rose 0.9 per cent, buoyed by its automobile manufacturers sector, up more than 1.5 per cent following a rebound in US manufacturing in March.

_출처 FT

Translation

미국 주식의 반등 이유

중국과 미국으로부터 제조업이 다시 살아나자 그 동안 세계 경제성장이 줄어들지 않을까 하는 우려가 씻겨지고 어제 월스트리트 주식지수가 반등했다.

어제 낮 다우존스 지수와 나스닥 종합지수가 1% 올랐다. S&P 500의 0.9% 상승이 자동차 제조분야에 힘을 받아서 바로 뒤를 따랐고 3월에 미국 제조분야가 다시 회복 됨으로 해서 1.5% 조금 더 올랐다.

Insight 이지경제해설

그 동안 세계 경제축소 우려가 해소
중국과 미국 제조업이 반등
월스트리트 주식지수 상승
어제 낮 다우존스, 나스닥 종합지수 상승
자동차 제조분야에 힘을 받아 미국 제조분야 상승

그 동안 침체상태에서 벗어난 미국과 중국의 제조업이 다시 살아나는 기미가 있고 이것에 영향을 받아 다우와 나스닥이 동반 상승했다. 이 기류가 미국과 중국의 무역협상 결과에 따라 다시 반대방향으로 이어질 수도 있다.

Terms cipher 용어설명

rallied 반등하다
promising manufacturing numbers 희망적인 제조업
eased fears 두려움을 완화하다
about slowing global growth 국제성장 둔화에 대한
middy yesterday 어제 낮
closely behind 바짝 뒤를 쫓다
buoyed by 북돋아주다, 무엇에 힘을 입다
following a rebound 회복된 후에, 회복에 이어

Bilingual reading : 영한 읽기

Why US stock rallied 미국 주식의 반등 이유

Wall Street's stocks rallied yesterday 어제 월스트리트 주식지수가 반등했다

after promising manufacturing numbers from China and the US 중국과 미국으로부터 제조업이 다시 살아나자

eased fears about slowing global growth. 그 동안 세계 경제성장이 줄어들지 않을까 하는 우려가 씻겨진 다음

By midday yesterday, 어제 낮에

both the Dow Jones Industrial Average and Nasdaq Composite indices were up 1 per cent. 어제 낮 다우존스 지수와 나스닥 종합지수가 1% 올랐다

Closely behind was the S&P 500 index, which rose 0.9 per cent, S&P 500이 0.9% 오른 바로 뒤를 따랐고

buoyed by its automobile manufacturers sector, 이것은 자동차 제조분야에 어느 정도 살아나서

up more than 1.5 per cent 1.5% 조금 더 올랐다

following a rebound in US manufacturing in March. 3월달 미국 제조분야가 다시 회복 됨으로 해서

Words for writing : 영작 구문

미국 주식의 반등 이유

어제 월스트리트 주식지수가 반등했다

중국과 미국으로부터 제조업이 다시 살아나자

그 동안 세계 경제성장이 줄어들지 않을까 하는 우려가 씻겨진 다음

어제 낮에

어제 낮 다우존스 지수와 나스닥 종합지수가 1% 올랐다

S&P 500이 0.9% 오른 바로 뒤를 따랐고

이것은 자동차 제조분야에 어느 정도 살아나서

1.5% 조금 더 올랐다

3월달 미국 제조분야가 다시 회복 됨으로 해서

Top lenders' optionality

Financial Times research shows top lenders are preserving as much optionality as possible by moving fewer people from the UK to the 27 other EU countries as they strive to avoid costly actions while grappling with deepening political uncertainty.

_출처 FT

Translation

최고 대출기관의 선택

FT 조사결과 영국 런던에 있는 최고 대출기관들은 깊어가는 정치적 불안을 염려하면서도 비용이 많이 드는 행동을 피하기 위하여 영국으로부터 또 다른 27 개 EU 국가로 내보내는 사람을 적게 유지하여 될 수 있는 대로 더 많은 선택권을 가지고 있는 것으로 나타났다.

Insight 이지경제해설

파이낸셜타임스가 은행의 브렉시트 대응 조사
최고 대출기관인 은행들은 정치적 불안 염려
비용이 많이 드는 방향을 회피
영국에서 EU국가로 옮기기보다
그대로 영국에 유지하며 선택권을 확보

브렉시트가 시행되면 런던에 와있는 주요 은행들이 런던에서 일부가 철수할 수 있다. 그러나 은행들은 정치적 불안은 있지만 지금 그 많은 직원들을 런던에서 철수하기 보다 될 수 있는 대로 현재상태로 어느 정도 인원을 그대로 보유하는 선택을 취하고 있다.

Terms cipher 용어설명

top lenders 최고 대출기관
preserving 보유하다
as much optionality as possible 될 수 있는 대로 많은 선택권을
costly actions 값비싼 조치들, 비용이 많이 드는 조치들
grappling with 씨름하다
political uncertainty 정치적인 불안

Bilingual reading : 영한 읽기

Top lenders' optionality 최고 대출기관의 선택

Financial Times research shows FT조사는 보여준다

top lenders are preserving 영국 런던에 있는 최고 대출기관들은 가지고 있는 것으로

as much optionality as possible 될 수 있는 대로 더 많은 선택권을

by moving fewer people 더 수가 적은 사람을 내보냄으로써

from the UK to the 27 other EU countries 영국으로부터 27 개 다른 EU 국가로

as they strive to avoid costly actions 값비싼 조치를 피하기 위하여

while grappling with deepening political uncertainty. 깊어가는 정치적 불안을 염려하면서도

Words for writing : 영작 구문

최고 대출기관의 선택 ______________________

FT조사는 보여준다 ______________________

영국 런던에 있는 최고 대출기관들은 가지고 있는 것으로 ______________________

될 수 있는 대로 더 많은 선택권을 ______________________

더 수가 적은 사람을 내보냄으로써 ______________________

영국으로부터 27 개 다른 EU 국가로 ______________________

값비싼 조치를 피하기 위하여 ______________________

깊어가는 정치적 불안을 염려하면서도 ______________________

The brunt felt

For decades, Italy felt the brunt of the Chinese economic juggernaut, which the United States argues threatens the financial and political future of the West.
China's government-backed manufacturers, operating on a much larger scale with much lower costs, devoured small Italian companies producing machinery, textiles and pharmaceuticals. Chinese knockoffs infuriated its high-fashion brands.

_출처 FT

Translation

중국의 직접적인 영향을 받다

지난 수십 년 동안 이태리는 미국이 언제나 금융과 정치 면에서 서방의 미래를 위협한다고 주장해왔던 중국경제의 거대한 영향력에 대한 예봉을 느꼈다.
중국정부의 지원을 받고 있는 가장 싼 비용으로 가장 큰 규모의 활동을 하고 있는 제조업체들이 기계, 섬유, 약품을 생산하는 작은 이태리 회사들을 다 집어삼켰다. 중국의 싼 복제품이 이태리에서 높은 부가가치가 있는 패션브랜드 업체들을 분노하게 만들었다.

Insight 이지경제해설

미국이 중국에 대해 서방의 금융, 정치를 위협하다고 주장
이태리는 그런 거대 중국경제의 영향을 느껴왔다
중국정부 지원으로 싼 비용 큰 규모 활동 가능
제조업이 이태리 작은 기업 인수 만연
값싼 복제품 중국기업 때문에 고부가가치 패션업계 분노

EU 국가 중 중국의 거대 경제력 앞에 속수무책으로 무릎을 꿇은 나라가 이태리가 최초이다. 이태리 주요 상품인 기계 면 고급브랜드 업체들이 전반적으로 중국 싼 모조품에 영향을 받고 더 이상 중국 제품과 경제가 불가능해지자 이태리는 이번에 중국에 BRI 신 실크로드 정책에 같이 동조한 결정을 내려 버렸다. 이것은 이태리와 다른 EU와 미국의 관계를 절연시켜 버렸다.

Terms cipher 용어설명

brunt 직접적인 영향, 예봉, 주력
juggernaut 거대한 힘
much larger scale 엄청나게 큰 규모로
with much lower costs 엄청난 싼 비용으로
high-fashion brands 고급 의류 브랜드
knockoffs 복제품, 모조품
infuriate 격앙하다, 분노하다

Bilingual reading : 영한 읽기

The brunt felt 중국의 직접적인 영향을 받다

For decades, 지난 수십 년 동안

Italy felt the brunt of the Chinese economic juggernaut, 이태리는 중국 경제의 불가항력의 예봉을 느꼈다

which the United States argues 미국이 주장해온

threatens the financial and political future of the West. 서방의 금융과 정치적 미래를 위협한다고

China's government-backed manufacturers, 중국 정부의 지원을 받고 있는 제조업체들이

operating on a much larger scale with much lower costs, 즉, 가장 싼 비용으로 가장 큰 규모로 활동하고 있는

devoured small Italian companies 작은 이태리 회사들을 다 집어삼켰다

producing machinery, textiles and pharmaceuticals. 기계 섬유 약품을 생산하는

Chinese knockoffs 중국의 싼 복제품이

infuriated 분노하게 만들었다

its high-fashion brands. 높은 부가가치가 있는 패션브랜드 이태리 업체들을

Words for writing : 영작 구문

중국의 직접적인 영향을 받다 ____________________

지난 수십 년 동안 ____________________

이태리는 중국 경제의 불가항력의 예봉을 느꼈다 ____________________

미국이 주장해온 ____________________

서방의 금융과 정치적 미래를 위협한다고 ____________________

중국 정부의 지원을 받고 있는 제조업체들이 ____________________

가장 싼 비용으로 가장 큰 규모로 활동하고 있는 ____________________

작은 이태리 회사들을 다 집어삼켰다 ____________________

기계 섬유 약품을 생산하는 ____________________

중국의 싼 복제품이 ____________________

분노하게 만들었다 ____________________

높은 부가가치가 있는 패션브랜드 이태리 업체들을 ____________________

Italy's breakup

But as the United States has continued to engage in a trade standoff with China, and leaders of the European Union have banded together to demand an end to unfair Chinese business practices, Italy has taken another route — China's new Silk Road.

In a move that signaled geopolitical shifts from West to East, Italy broke with its European and American allies during a visit in March by President Xi Jinping of China and became the first member of the Group of 7 major economies to officially sign up to China's global infrastructure project, the Belt and Road Initiative.

_출처 FT

Translation

이태리의 단절

미국이 중국과의 무역 대치국면을 계속 유지하고 있고 유럽연합 지도자들이 부당한 중국의 사업관행을 중단시킬 것을 요청하기 위해 단합을 하고 있는 이때 이태리는 다른 길을 선택했다. 즉 중국의 새로운 실크로드 정책에 동참했다.

서방에서 동방으로의 지역정치적 변동의 신호를 보내는 움직임에서 이태리는 3월에 시진핑 주석이 방문하는 동안 유럽과 미국의 우방국 관계를 끊고 서방 주요 7개국 경제권 회원국 중에서 처음으로 공식적으로 중국의 세계적 인프라 프로젝트 BRI에 동참하기로 공식적으로 서명하는 국가가 되었다.

Insight 이지경제해설

미국, 중국이 무역대치 유지국면
EU 지도자들이 단합하여 중국 사업관행 중단요청 국면
서방에서 동방으로 움직임 신호
이태리가 유럽, 미국 우방관계를 끊고
공식으로 중국의 세계 인프라브로젝트에 최초 서명

2차대전 이후 오랫동안 서방의 주요 멤버로서 역할을 해온 이태리가 더 이상 그런 역할을 하지 않기로 결정하는 대신 경제적 이해관계를 선택하기로 했다. 미국을 축으로 하는 우방에서 중국 시진핑의 세계침투작전 공단과 도로정책(BRI 신 실크로드 정책)에 정식으로 회원국가가 되는 조인식까지 치렀다.

Terms cipher 용어설명

engage in 종사하다
standoff 대처
banded together 서로 결합하다
new Silk Road 새로운 중국의 국제 진출 정책
signaled 예고하다
geopolitical shifts 지역정치 이동
sign up to 가입하다

Bilingual reading : 영한 읽기

Italy's breakup 이태리의 단절

But as the United States has continued to engage in a trade standoff with China, 미국이 중국과의 무역 대치 국면을 계속 유지하고 있고

and leaders of the European Union have banded together to demand an end to unfair Chinese business practices, 유럽 연합 지도자들이 부당한 중국의 사업관행을 중단시킬 것을 요청하기 위해 단합을 하고 있는 이때

Italy has taken another route 이태리는 다른 길을 선택했다

— China's new Silk Road. 즉 중국의 새로운 실크로드 정책에 동참했다

In a move that signaled geopolitical shifts from West to East, 서방에서 동방으로의 지역 정치적 변동의 신호를 보내는 움직임에서

Italy broke with its European and American allies 이태리는 유럽과 미국의 우방국 관계를 끊고

during a visit in March by President Xi Jinping of China 중국 시진핑 주석이 3월에 방문하는 동안

and became the first member of the Group of 7 major economies to officially 서방 주요 7개국 경제권 회원국 중에서 처음으로 공식적으로

sign up 서명하는 국가가 되었다

to China's global infrastructure project, the Belt and Road Initiative. 중국의 세계적 인프라 프로젝트 BRI에 동참하기로

Words for writing : 영작 구문

이태리의 단절

미국이 중국과의 무역 대치 국면을 계속 유지하고 있고

유럽 연합 지도자들이 부당한 중국의 사업관행을 중단시킬 것을 요청하기 위해 단합을 하고 있는 이때

이태리는 다른 길을 선택했다

즉 중국의 새로운 실크로드 정책에 동참했다

서방에서 동방으로의 지역 정치적 변동의 신호를 보내는 움직임에서

이태리는 유럽과 미국의 우방국 관계를 끊고

중국 시진핑 주석이 3월에 방문하는 동안

서방 주요 7개국 경제권 회원국 중에서 처음으로 공식적으로 서명하는 국가가 되었다

중국의 세계적 인프라 프로젝트 BRI에 동참하기로

Climate clash

Royal Dutch Shell is leaving one of the largest US oil industry groups because of differences over climate policy, underlining the pressure big energy companies face from investors to ensure any lobbying matches their goals on carbon emissions. From next year, Shell will not renew its membership of the American Fuel & Petrochemical Manufacturers (AFPM) association, which represents nearly 300 US oil refiners and chemicals producers, in part because of the group's opposition to a carbon tax or other prices on greenhouse gas emissions.

_출처 FT

Translation

기후 변화에 대한 충돌

영국의 로얄더치쉘 석유회사는 기후정책에 관한 의견차이 때문에 세계에서 가장 큰 미국 석유산업 그룹 중 하나를 떠난다. 즉 이것은 큰 에너지 회사들이 그들의 로비활동은 이산화탄소 방출에 대한 목적과 수치를 같이 해야만 한다는 투자가들로부터 압력을 받고 있음을 말하고 있는 것이다.

내년부터 쉘은 미국의 연료석유 제조업자 협회의 회원직을 새로 연장하지 않을 것이고 이는 미국 300개 석유정유회사와 화학제품 생산업자를 대표하고 있는 AFPM 회원에서 더 이상 연기하지 않을 것이다. 이유는 그린하우스 온실가스 방출문제에 있어서 탄산가스 세금을 부과하거나 다른 어떤 가격을 부과하는데 있어서 이 그룹이 반대하고 있기 때문이다.

Insight 이지경제해설

영국 로얄더치쉘 석유회사가 미국 석유산업에서 이탈
이산화탄소 방출에 대한 이견
영국 투자가들은 규정 준수
트럼프정책으로 미국 측은 탄소방출과 무관
환경문제 갈등으로 쉘이 미국석유협회 탈퇴결정

영국 로얄더치쉘 회사는 기후변화에 따른 이산화탄소 방출에 대한 규정에 있어서 투자가들의 요청에 따라 지켜나가려는 반면, 미국 석유협회에서는 트럼프정책에 따라 그들 석유품질을 이산화탄소 방출과 무관하다는 정책을 유지하기 때문에 쉘은 미국 석유협회 회원에서 탈퇴하기로 결정했다.

Terms cipher 용어설명

differences over climate policy 기후정책에 대한 의견차이
matches their goals 목표수치에 맞추다
carbon emissions 이산화탄소 방출
oil refiners 석유정제회사
chemicals producers 화학제품회사
opposition to a carbon tax 이산화탄소 세금에 대한 반대
greenhouse gas emissions 이산화탄소 방출

Bilingual reading : 영한 읽기

Climate clash 기후 변화에 대한 충돌

Royal Dutch Shell is leaving one 영국의 로얄 더치 석유회사는 하나에서 떠난다

of the largest US oil industry groups because of differences over climate policy, 기후정책에 관한 의견차이 때문에 세계에서 가장 큰 미국 석유 산업 그룹 중

underlining the pressure big energy companies face 즉 이것은 큰 에너지 회사들이 압력을 받고 있음을 말하면서

from investors to ensure any lobbying 투자가들이 그들의 로비 활동을 확실히 하도록

matches their goals on carbon emissions. 이산화탄소 방출에 대한 목적치와 수치를 맞추며

From next year, 내년부터

Shell will not renew 쉘은 새로 연장하지 않을 것이다

its membership of the American Fuel & Petrochemical Manufacturers (AFPM) association, 미국의 연료석유 제조 업자 협회의 회원직을

which represents nearly 300 US oil refiners and chemicals producers, 이는 미국 300개 석유 정유회사와 화학 제품 생산업자를 대표하고 있는 AFPM 회원에서

in part because 부분적 이유는 이런 때문이다

of the group's opposition to a carbon tax or other prices 탄산가스 세금을 부과하거나 다른 어떤 가격을 부과하는데 있어서 이 그룹이 반대하는

on greenhouse gas emissions. 그린하우스 온실가스 방출 문제에 있어서

Words for writing : 영작 구문

기후 변화에 대한 충돌

영국의 로얄 더치 석유회사는 하나에서 떠난다

기후정책에 관한 의견차이 때문에 세계에서 가장 큰 미국 석유 산업 그룹 중

즉 이것은 큰 에너지 회사들이 압력을 받고 있음을 말하면서

투자가들이 그들의 로비 활동을 확실히 하도록

이산화탄소 방출에 대한 목적치와 수치를 맞추며

내년부터

쉘은 새로 연장하지 않을 것이다

미국의 연료석유 제조 업자 협회의 회원직을

이는 미국 300개 석유 정유회사와 화학 제품 생산업자를 대표하고 있는

부분적 이유는 때문이다

그린하우스 탄산가스 세금을 부과하거나 다른 어떤 가격을 부과하는데 있어서 이 그룹이 반대하고 있기

온실가스 방출 문제에 있어서

Chinese economy's heft

China has long been the fastest-growing of the world's three largest economies — the US, the Eurozone and China itself. This is so whether one believes in the official numbers for China's growth, or is somewhat skeptical about them. Given its economic dynamism and size, when China sneezes, the world economy catches a cold.

_출처 FT

Translation

중국 경제의 위력

중국은 오랫동안 세계 제3대 경제권 미국, 유로존, 중국 자체 가운데 가장 빨리 성장하는 나라가 되어 왔다. 이것은 사람들이 중국성장에 대한 공식수치를 믿느냐 아니면 어느 정도 그 숫자를 의심 하느냐는 것이다. 그러나 중국의 경제적 활력과 규모를 감안해 볼 때 중국이 재치기를 하면 세계경제는 감기가 걸린다.

Insight 이지경제해설

세계 3대 경제권은 미국, 유로존, 중국
그 중 중국은 가장 빨리 성장하는 국가
중국의 성장을 믿든
그 수치를 의심하든
중국의 재치기에 세계경제는 감기

중국의 경제가 알려진 것은 불과 4,50년 정도 되었지만, 미국과 유로존을 능가하고 엄청난 규모는 미국유럽 아시아 3개 대륙에 피할 수 없는 영향력을 행사한다. 중국 경제 쇠퇴우려가 있지만 또 다시 제조업부터 살아나기 시작했다.

중국 경제에 대해서 회의하는 사람이 많지만 현재로서는 잘못된 판단으로 여겨진다.

Terms cipher 용어설명

somewhat 어느 정도
heft 중량, 무게를 달다, 중요성
has long been 오랫동안 존재 되어 왔다
whether one believes 사람이 믿든 안 믿든
official numbers 공식적 수치
skeptical about them 그에 대해 회의를 느끼는
given 이런 이유로 해서
dynamism and size 활력과 규모

Bilingual reading : 영한 읽기

Chinese economy's heft 중국 경제의 위력

China has long been the fastest-growing 중국은 오랫동안 가장 빨리 성장하는 나라가 되어 왔다

of the world's three largest economies 세계 제 3대 큰 경제권 중에서

— the US, the Eurozone and China itself. 즉, 미국, 유로 존 중국 자체다

This is so whether one believes 이것은 사람들이 믿는가에 관한 것이다

in the official numbers for China's growth, 중국 성장에 대한 공식 수치를

or is somewhat skeptical about them. 아니면 어느 정도 수치에 대해 의심 하는가에 관한

Given its economic dynamism and size, 중국 경제적 활력과 규모를 감안해 볼 때

when China sneezes, 중국이 재치기를 하면

the world economy catches a cold. 세계 경제는 감기에 걸린다.

Words for writing : 영작 구문

중국 경제의 위력 ______________________________

중국은 오랫동안 가장 빨리 성장하는 나라가 되어 왔다 ______________________________

세계 제 3대 큰 경제권 중에서 ______________________________

즉, 미국, 유로 존 중국 자체다 ______________________________

이것은 사람들이 믿는가에 관한 것이다 ______________________________

중국 성장에 대한 공식 수치를 ______________________________

아니면 어느 정도 수치에 대해 의심 하는가에 관한 ______________________________

중국 경제적 활력과 규모를 감안해 볼 때 ______________________________

중국이 재치기를 하면 ______________________________

세계 경제는 감기에 걸린다 ______________________________

영자신문
이지 경제 영어
Easy Business English

초판 인쇄 2019년 6월 14일
초판 2쇄 2022년 4월 25일

지은이 | 토마스 D. 안 · 세니카 B. 정
펴낸곳 | 영어로연구소
서울시 종로구 삼봉로 57, 호수빌딩 8층 S9
전화 02-739-5333 팩스 02-739-5777
e-mail englishlo@naver.com

ISBN: 979-11-85345-21-5(13300)
정가 20,000원